AF284603

RENE´ CARSTEN

Lyriker und Philosoph

René Carsten

Halleluja auf die Rose von Jericho

Schönheit der Sprache

Einkehr in Erkenntnis

Bibliografische Information der Deutschen Nationalbibliothek:
Die Deutsche Nationalbibliothek verzeichnet diese Publikation
in der Deutschen Nationalbibliografie; detaillierte
bibliografische Daten sind im Internet über dnb.dnb.de
abrufbar.

Herstellung und Verlag
BoD-Books on Demand, Norderstedt
ISBN 9783752840483

Inhalt

1. Naturgedichte

Die Rose von Jericho...9

Georgsburg eine Saaleperle............................11

Heimat – Kummersdorf...................................13

Danksagung..15

Gartenkinder im Dialog...................................17

Brückengespräch...19

Nachtsonate...21

Vogelgedanken..25

Soll nicht Unkraut sein.....................................27

Miniatur zur Besinnung...................................28

Im „ Morgentau"...30

Dialog mit dem Himmel....................................31

2. Philosophische Anmerkungen

Vorwort – eine Lebensphilosopie....................33

Denkschrift – Freiheit man hat dich zur Hure
gemacht...35

Philosophie des Rückblicks 38

An die Doppelzüngler – Gnade Gott, wenn
dies eure Würde ist...40

Aus der Vogelperspektive – Ein Zeitthema........43

Betrübtheit begreifen..45

Botschaft des Herzens.......................................46

Brief an die Zukunft...47

Das Gold, das dich zeugte...................................52
Der Bock, der die Ära reitet...............................56
Des Wortes Nachfrage..59
Dialog mit dem ewigen Verlust..............................62
Ein literarisches Zeitgemälde..............................64
Epilog des Poeten..81
Geburtstagsgruß..84
Hartz – das Vergehen...85
Ich habe euch noch etwas zu sagen..........................87
Kleine Erdgeschichte...89
Lebensrückblick..91
Meine alte, junge Liebe......................................93
Neuzeitsklaven...94
Selbstbetrachtung..96
Vaterlandsepos...98
Vom Wert des Schweigens....................................101
Wahlaufruf..104

3. Liedtexte aus Liededition René Carsten

Alles auf Anfang..107
Es bleibt immer nur ein Blindflug..........................108
Fang keinen Schmetterling..................................109
Heute Nacht haben wir für uns den Himmel
nachgebaut..110
Nach dem Sinn des Lebens suchen............................112
Vergessen, dass zur Liebe denken gehört....................114
Wenn eine Träne rollt.......................................115
Wenn ihr über euch nachdenken müsst........................116

4. Aphorismen.......................118

5. Liebesgedichte

Denkangebot an ernsthaft Liebende..................131
Liebeserklärung.................................132

6. Heitere Gedichte

Abschlusslaudatio eines Gymnasialdirektors..................134
Ethikunterricht.................................135
Der Kratzebaum – Die Festtagskiefer...............136
Irritation.....................................139
Überblick verloren.........................140

7. Kindergedichte

Kinderfleiß....................................141
Klein – Sperma`s Lebenslauf oder Kindesrückblick.........143

8. Winter/Weihnachten

Eine schöne Bescherung...................................146
Jesus an die Weihnachtsheuchler...................151
Tiere und ihre Wintergeschichte...................152
Wunschzettel eines Weihnachtsmannes.........158

Über den Autor..160

Naturgedichte

Die Rose von Jericho

An einem Fleck in der Wüste – irgendwo, ruht bizarr
– gekrümmt, die Rose von Jericho.

Ihr war über hundert Jahre behütend Schlaf
vergönnt, ein Wunder, dass der Feuerball ihr über
die Zeit nicht das Leben verbrennt.

Eines Tags wurde die Rose vom Passatwind „EL
CANDERO" umarmt, wollte sie hinbewegen, zum
Ort, wo sich etwas wie sie mit dem Leben paart.

So trieb er sie vor sich her, als wüsste er das Ziel, die
Rose glaubte, dass der Himmel heißer Erde Gnade
und Verneigung anbieten will.

Über fast eine Ewigkeit hat die Rose dem Glauben
vertraut, in ihrem Herzen ihren Kindern ein Haus
der Hoffnung gebaut.

So wird sie eilig getrieben über der Wüste
gelbsandiges Meer, sollte er der Vater sein, der
schon bald neues Leben gebärt?

Als eines Tages über das Knochenkleid endlich
Regen rinnt, ruft`s vom Himmel, Rose, ich schenk`
dir dein Kind!

Will dir jetzt das Nass der Geburt zur Erde senden,
nun soll deine Reise am Wüsten – Kinderbett enden.

Es war, als hielt die Erde die Sonne fest, wie
Freudentränen fielen die Kinder der Rose ins
Wüsten – Kindernest.

Gold`ner Sand zog die Samen in die nasse Kühle
hinab, ein Augenblick, in dem der Himmel der
Wüste `ne Lebenschance gab.

Das Herz der Rose sah zu, wie die Kinder sich zum
Himmel reckten, sind Zeugen für die, die das ewige
Leben ewig neu entdecken.

Nun müssen Kinder wie Mutter erneut hundert
Jahre Glut ertragen, um von irgendwo nach
irgendwo neues Leben über den Sand zu tragen.

Willst du dich verneigen, weißt nicht wann, weißt
nicht wo, tu es vor dem Wunder der ehrbaren Rose
von Jericho.

Georgsburg eine Saaleperle

Ging eines Tags, mein Alter im Rucksack, zur Georgsburg hin, ein Sehnen kam mir über Nacht in den Sinn.

Wollte ergründen, was haben die Mauern in vergangenen Jahren, als ich fort war, an Leid wie auch an Glück erfahren.

Mich empfing neuer Reichtum, wärmendes Leben, meine Burg war von der Saale in neuem Gewand umgeben.

Hain der Nachtigallen, vom Silberglanz der Wellen gestreichelt, seine Bäume und Sträucher sind Gefährten, die mit mir Kindheit teilten.

Als ich dabei war, dies alles noch einmal zusammenzufassen, führte ein Schäfer, wie damals, seine Herde über den Rand der Burgterrassen.

Es war, als riefen vom Himmel die Wolken – kehrt ein, ihr Gäste – in diesen Mauern schenkt euch der Tag das Beste.

Her zur Georgsburg sind neue Herren gefahren,
in Nächstenliebe wollten sich Ganges und Saale
paaren.

Auch Wälder und Berge, die den Burghof umweben,
sind erhabene Zeugen fürs Streben, hin zu erfülltem
Leben.

Damals wie heute sind hier Sorgen und Nöte
vergessen, der hier einkehrt, darf träumend
genießen beim Essen.

So sind Monument und Seelen sich treu geblieben,
ein Siegel dafür, diesen Ort über das Morgen hinaus
vom Herzen zu lieben.

Die Zeit lässt Hand in Hand das Heute mit dem
Morgen geh`n, uns ist das Vermögen geschenkt, den
Zeitenlauf als uns`re Schöpfung zu seh`n.

Heimat – Kummersdorf

Dort, wo der Ruf des Uhu die Nachtstunden teilt,
der Igel im Mondlicht über den Treidelweg eilt,
stolzer Schwan seinen Nachwuchs auf dem Rücken
logiert, ein geschwätziger Star in der Eiche als
Professor doziert, hab` ich mich zu meinem Glück
einquartiert.

In ein Milieu, aus dem mir das Alter Herz und Hand
gereicht, in dem die Seele gern auf ewig verweilt.
Hier ist die Einkehr auch neuen Generationen
gelungen, sind gleich mir, von behütender Wärme
umschlungen.

Ganz gleich, ob ein Lebensraum groß oder klein,
Heimat für Herz und Seele muss er sein.
So hat mein Kummersdorf mir mein Elysium
beschert, hier bin ich in meinen ersehnten Frieden
eingekehrt.

Hatte zuvor eine Bleibe mit alltäglichen Sorgen, sie
sind mir geblieben, nur ich fühl` mich geborgen.
Hab` über die Zeit auch manchen geliebten Freund
verloren, inzwischen hat mir das Leben wenige,

aber neue Begleiter geboren.

Nun ist meine Heimat, wo die Wildente dem Schleusenwärter um die Nase fliegt, der Kranich mit krächzendem Weckruf über die Dächer zieht, über Wald und Feld Weihe und Bussard erhaben majestätisch schweben, der Nachtigallen Gesang dem Sternenhimmel Anlass zum Träumen geben.

Ich weiß, nicht jeder wird den Sinn dieser Zeilen verstehen, jedoch, ich mag gern so innig mit meinem Heimatort umgehen.

Danksagung

Gewidmet der Freiwilligen Feuerwehr - Kummersdorf

Immer – wenn die Nacht uns`ren Schlaf behütet,
auch, wenn der Tag dir Stunden der Freude bietet.

Zu allen Zeiten, wenn Menschen neben dir
sorgenfrei leben, auch in Stunden des Kinderspiels
und Liebe geben, sind sie bereit, all das zu behüten,
für dein Wohl zu streben!

So, als ob es ein Auftrag des Himmels wär, sind sie
an unserer Seite, die Unerschrockenen der
Freiwilligen Feuerwehr.

Nehmen die Angst vor bizarrem Sirenenhall,
bieten dem Feuer die Stirn, lindern Not, Kummer
und Seelenqual.

Sie waren, als ich einkehrte, meine ersten Freunde,
teilten mit mir gern die Stunden der Freude.

Nun ist die Zeit in die Jahre gekommen, Kinder und
Enkel haben das Zepter übernommen.

Mit Freuden nehm` ich wahr ihre
Nachwuchszwerge, begeistern im Sinne der Väter,
geh`n mutig zu Werke.

Haben die Väter sie and`ren Tags zu Bett gebracht,
übernehmen die Mütter für Väter und Kinder die
Wacht.

So ist mir in meinem Dorf die Feuerwehr nah, und
wenn ich abends zur Stille des Waldes hinsah,
lächelten zwei, die Alten ermutigend, gütig zu mir
hin, die hingeschiedenen Ahnen, Otto Steffens,
daneben Alfred Baschin.

Sie nicken ihren treuen Nachkommen zu, wollen
sagen, es ist gut so, wie ihr Jungen es tut.

Nun schließt sich der Kreis auf ehrbaren Wegen,
neue Generationen werden mit Würde die Tradition
der Väter nun pflegen!

Gartenkinder im Dialog

Heut` gibt`s ein munter – bewegtes Gartenleben,
bei dem sich liebevoll Stimmen mit Farben
verweben. Aus der Eiche wird kunstvoll Gesang
kreiert, es jubelt, pfeift, lockt, krächzt und tiriliert.

Blumen strecken in Neugier nach oben die Köpfe,
Ziergräser flechten sich eitel, geschäftig neue Zöpfe.
Specht und Kleiber behämmern mit Eifer die Rinde,
Rosen und Nelken flüstern sich zu, wir sind für
morgen das Festtagsgebinde.

Fliegenschnäpper und Meisen bauen am neuen
Nest, Krokus und Tulpe träumen vom baldigen
Osterfest.

Keck fragt die Dotterblume den Pirol „Mein Kleid
gefällt dir?" Der tiriliert erhaben zurück „Gelb bin
ich selber!"

Rotkehlchen turnen am Phloxhalm geschickt,
daneben die flirtende Zinie, die verliebt einem
Buchfink zunickt.
Der Star in der Birke, als Spötter bekannt, schnattert

munter, repetiert, schaut dabei eitel zur Lilie, von ihrem Stolz, ihrer Schönheit fasziniert.

Eichelhäher, Elster und Krähe neidvoll zur Dahlie hin seh`n, sie träumen, ach – wären uns`re Stimmen wie dein Antlitz so schön.

Die Goldammer hüpft behende durch die Zweige der Azalee, die hat grad ein Date mit dem Pfauenauge, sagt zum Vogel hin – nee.

Alle gefiederten Sänger betrachten den schönen Sonnenhut, verneigen sich, weil sein Antlitz wohl allen gut tut.

Auch die Spatzen turnen artistisch durch die Hainbuchenhecke, vergnügt, als ob sie der Himmel mit besond`rer Lebensfreude gesegnet hätte.

Nun hat der Abend die Gartenkinder in den Arm genommen, bald werden die Helden und Sänger der Nacht ankommen.

Uns`ren  Seelenerbauern sei vom Herzen der Schlaf nun gegönnt, denn bald weckt sie wieder die Sonne, Zeit hat`s eilig, sie rennt.

Brückengespräch

Will mit neuem Mut dich künftig überqueren, stillst
Sehnsucht auf dem Weg zu dem, den wir begehren.

Bist Übergang zu dir, Zugang auch zu mir! Unter mir
vernehm` ich zartes, stilles Fließen, Zeit – zum
Bootsmann freundlich hinzugrüßen.

Alter Weg in neuem Kleid, neue Schönheit, es ist
deine Zeit. Aus dem Glanz der Silberwellen, will
gefiedert Freund `nen Gruß bestellen.

Neben meiner Brücke schwelgt das schwimmende
Milieu, tanzt im Schatten weißer Birken den
Wasservogel – Pas de deux.

Schau, ein neuer Reichtum liegt zu Füßen, soll den
Schöpfer gern mit Dank begrüßen. Vor den Autoren
mag ich mich so heut` verneigen, gebot` ne
Achtung, wie auch Dankbarkeit bezeugen.

Glanz der Kinderaugen begleitet das Gedeihen, auch
der gestand` ne Greis mag sich am neuen Weg
erfreuen. Sei gegrüßt, du eine von den vielen

Brücken, sollst unser Herz mit deinem Stolz beglücken.

Wünsch` mir, gelehnt an deine Fundamente, mögst vereinen vieler Menschen Herz und Hände!

Brücke – trag uns in die Zukunft über Zeit und Räume, sei der Weg zu neuem Schaffen, Weg zu neuen Träumen.

Nachtsonate

Eines Tags habe ich mich auf den Weg gemacht,
wollte ergründen den Partner des Tages – die Nacht.
Als es dunkelte, streichelte ein zarter Hauch meine
Hand, es fühlte sich an, wie ein sanftes Werben um
meinen Verstand.

Von all dem waren meine Seele, mein Herz berührt,
so habe ich mit Neugier in mich hineingehört.

Wollte wissen, welcher Art war des Hauches
Begehren, war es die Chance, über die Nacht mein
Wissen zu mehren?

Da kam mir der Philosophen Weissagung in den
Sinn, wonach nur der Strebende das Morgen
bestimmt.

Als mir dann die Silberfäden der spielenden Wellen
den Abendgruß zunickten, in den Bäumen die
Freunde der Lüfte ihre Bettzweige knickten, die
Bewohner des Flüsschens auf ihren Bahnen zum
Nachtlager flogen, hatte ganz heimlich der Tag eine
tiefschwarze Samtdecke über den Kopf gezogen.

Die Nacht hatte das Zepter übernommen, Zeit der Stille hatte begonnen, Stunden waren wie Staub durch gespreizte Finger verronnen.

Nun kamen die ersten Grüße aus der Welt der Sterne, dazu gesellten sich die Rufe des Käuzchens aus gediegener Ferne.

Mein Ohr umschmeichelte sehnsuchtsvolles Wiehern von der Pferdekoppel, vom Feld her kam die Neugier, ein Hase gehoppelt.

Der Ruf des verspäteten Kranichs ließ alle zarten Töne verstummen, eine irritierte Hummel umkreiste mein Haupt, missmutig brummend.

Zwei Igel belebten das Revier, knurrend und schmatzend streiften sie den Schuh, ihnen sah ich noch lange, im Schein des Mondes, bei der Wurmtafel zu. Ich entschied mich, die Stachler künftig zu nähren, solch eine Freundschaft ist seit langem mein tiefes Begehren.

Als wollte er der Nacht die Leviten lesen, rief der Uhu über mir, im Schilf gab`s ein Meeting vom kleinsten Krabbelgetier.

Das Gespräch der Bäume mit den Rispen des Schilfes streichelte mein Ohr, als stellte ein

Märchenerzähler einem Kind die bezauberndsten Welten vor.

Neben mir fragten plötzlich die Augen eines Fuchses, wer bist eigentlich du? Ich winkte ihm mit meinem beglückten Herzen liebevoll zu.

Über die Uferkante stolzierte, als träge er eine Ritterrüstung, ein Waschbär, tat so, als ob er der Souverän dieser nächtlichen Landschaft wär.

Diese Nacht war wie ein Traum, den ich so zuvor noch nie geträumt, eine Sinfonie der Stille, von unzähligen Sternen am Himmel gesäumt.

Ich streckte meine Hände, wollte die Nacht zum Tag hin wiegen, wollte gern wissen, wer von beiden hat größeres Glück mir beschieden?

Über dieses Sehnen habe ich dann noch lange nachgedacht, hab` so verlassen das Bündnis mit der geliebten Nacht.

Als mich schon beschäftigte der vor mir liegende Tag, hat mir aus der Schilfbank ein Frosch liebevoll Mut zugequakt.

Vorbei die erquickenden Stunden, der lebendige Traum, dem Tag, dem Ungewissen, muss ich mich wieder anvertrau`n.

Gern hätt` ich festgehalten das sorglose Schweben, jedoch, Traum ist Traum, der Tag das Leben!

Nun will ich nutzen die Kraft, die mir die Nacht verlieh, wann ich in den Kampf gegen die Bürden meines Alltags zieh`.

So leb` ich wie das Meer zwischen Ebbe und Flut, nehm` aus der Nacht meine Kraft, als meiner Seele Blut.

Wieder werd` ich mit Neugier geh`n in nächtlich erbauliche Stunden, unter ihrem Dach habe ich Frieden, wie wahre Freundschaft gefunden.

War von wärmender, behütender Stille wohlig zugedeckt, es war eine Zeit, die Sehnsucht nach längst Verlorengegangenem weckt.

Von der stillen Beglückung, lass ich auch künftig mich gern betören, nehm` die Zeit, um beruhigt in mich hineinzuhören.

Will so künftig suchen die Stunden der stillen Erquickung, sind die Zusammenfasssung des Jetzt mit der Erinnerung!

Vogelgedanken

Die Eule Raschelfeder wollte in jener Stunde ihre Nachtsichtaugen auf den Boden richten, um eine Maus zu überlisten.
Da tiriliert es plötzlich fröhlich in tiefster Nacht durch den Wald.

Piep, piep, piep, die Eule war ob dieser Störung entsetzt und fragte sich deshalb, muss denn ausgerechnet zu ihrer gewohnten Jagdzeit ein Konzert der Singvögel beginnen, eigentlich ist es für sie doch an allen Tagen zuvor gewohnte Schlafzeit gewesen.

Der Eule knurrte der Magen, ihre zwei Kinder krakeelten, denn auch sie hatten Kohldampf. Aber nun waren Mäuse und andere Krabbeltiere gewarnt.

Die Eulenmutti drehte ihren Kopf einmal rundum, schaute in die Richtung, in der sie die Störenfriede vermutete und polterte – UHU, UHU, UHU, hab am Tag die Augen zu, Meise hinter`m Baum, die Nacht ist mein, halt gefälligst Ruh` - UHU, UHU, UHU!
Durch die Nacht zog ein silbernes Kichern. Drei

Bäume neben der Eule saßen die Vögel des Tages, Meisen, Amseln, Finken, Spatzen, die beobachtet hatten, dass die Eule auf ihre gewohnte Jagd eingerichtet war, das wollten sie ihr vermiesen. Sie waren fest davon überzeugt, weil sie sich von Körnern und Obst ernähren, sollte die Eule sich auch mit solcher Kost für sich und ihre Kinder begnügen.

Die Eule hatte das Gespräch der kleinen Vögel aufmerksam verfolgt, so rief die kluge Eulenmutter den versammelten Waldvögeln zu:

„Ich glaube, ihr irrt mit euren Anschauungen ein wenig, denn es ist seit vielen tausend Jahren so, dass wir Eulen uns von Mäusen ernähren, wie auch die Katzen und der Habicht. So ist meine Jagd nichts Unrechtes, weil ich damit ausschließlich meinen und meiner Kinder Hunger stille. Sollte ich jemals dieses Gesetz verletzen, bitte ich euch, ermahnt mich!

Aber, wir sollten in dem Zusammenhang auch einmal darüber nachdenken, wie die Menschen trotz ihres besonderen Verstandes zügellos ihren Appetit auf Fleisch stillen und dazu alle nach ihrer Meinung dafür brauchbaren Tiere töten.

Ist es so nicht gerecht, fuhr die Eule fort, dass wir Eulen uns zum Überleben, also wenn uns der Hunger drückt, eine Maus gönnen?"

Soll nicht Unkraut sein

Hört, ihr ungebetenen Gräser und Blüten,
schenkt mir Verständnis, möcht` was ich säte, gern
behüten, ihr am Fuße ed`ler Rosen, meiner Nelken,
sorg` mich, dass die in eurer Nähe welken.

Nehmt allzusehr den Schönen Raum und Atem,
seid einfach so erschienen, ohne den gewollten
Samen.

Möcht` euch an angemess`nem Platz so gern
begrüßen, mag eure Blüten, euer Grün in eurer
Welt, den lieben Wiesen.

Seh` euch als Unkraut so auf meinem Felde nicht,
ich bitt` euch, schenkt mir an diesem Platz ein lieb`
Gesicht.

Miniatur zur Besinnung

Als ich das Leben nicht mehr verstand, nahm mich
eines Tag`s eine Idee an die Hand.

Führte mich hin zu den besten Freunden, die ewig
schon meinen Lebensweg säumen.

Mich zog`s hin zum Wald, zur Mutter Natur,
ersehnte erfülltes Leben, eine Neugeburt.

Die Zweige der Bäume begriffen mein Leiden, ihr
Rauschen war ein wohlig Frieden herreichen.

Wollt` meine Seele in ein Elysium tauchen, dies
begehren die, die Rat für ein Morgen brauchen.

Auch von den Tieren ward mein Verlangen
wahrgenommen, aus den Zweigen, von den Lagern,
waren sie zu mir gekommen.

Über mein Leben bewahren sich unsere Seelen,
vermochten uns wortlos als Freunde auszuwählen.

Das Herz war berührt vom Frieden dieser Welt,
beglückend ist ihr Wesen, all das, was sie

zusammenhält.

Als ich in Stille über mein Begehren dann
nachgedacht, verstanden hatte, was meine Freunde
unbeugsam macht, trat ich den Weg zurück in
meine Welten an, hatte verstanden, worauf ich mich
heut` und morgen verlassen kann.

Will den Ratschlag für Unbeugsamkeit und Treue
mit mir nehmen, daraus spenden meinen
begleitenden Gefährten auf all meinen Wegen.

Im „ Morgentau"

Im „Morgentau" fand meine Seele Heimat, im
„ Morgentau" fiel ab vergang`ner Tage Schmerz.

In jenen Stunden, als ich der Wellen Spiel sah, fühlte
beschwingt sich das zweifelnd bange Herz.

In der Nächte Stille schenktest du Meeresrauschen,
die dunkle Stunde hat wie der helle Tag erbaut,
noch bis zur Rückkehr will ich drum gerne lauschen,
du bleibst auch in der Ferne mir Tag und Nacht
vertraut.

Schon sind zwölf Monde mit schnellem Schritt
vergangen, mit Freuden kehr` ich so gern in`s
„Morgentau" zurück, bis hin zu dieser Stund` will ich
um`s Wiederseh`n nicht bangen, kommt dann der
Herbst, bist du mein neues Glück!

Dialog mit dem Himmel

Die Blume winkt der Wolke zu, wann es mich
dürstet, warst es du, die mir das Nass für`s Leben
schickte, mich so als Lebensspender neu erquickte.
Die Blume nahm der Vogel an die Hand, ihm war
das Glück des Licht`s , der Wärme wohlbekannt.

Sieh, tirilierte er, du ed`le Blume, die Sonne ist`s, die
uns verhilft zu uns`rem Ruhme, schenkt Licht und
Wärme allem Leben, ist jenes Wunder, unser Glück,
mit dem wir uns`ren Tag verweben.

Jetzt nickten Bäume, Gräser, Seen den kleinen
Philosophen zu, die Gunst der treuen Hingebung
sorgt täglich für der Seelen Ruh`.

Das Wispern meiner Freunde streichelte so sanft
mein Ohr, stellt` mir mein Leben ohne diese
Himmelsgaben vor.

Als ich zusammen band all die erbauenden
Gedanken, rief ich den Nachbarn, auch den
Freunden zu - bemüht euch, für dieses Glück zu
danken!

Philosophische Anmerkungen

Vorwort – eine Lebensphilosopie

Weder Vater und Mutter, noch unsere Geburtshelfer, auch nicht die an unserer Seite gehenden gediegenen Propheten vermögen unsere Lebenswege vorauszusagen oder zu bestimmen.

Das Individuum selbst ahnt nicht, welche spezifischen „Fußabdrücke" des Lebens für einen Jeden von uns bestimmten Wert besitzen.

Wir Menschen eifern, gestalten, träumen, suchen so das Beste für uns. Jedoch Schicksale vermeiden liegt nicht in unserer Macht.

Manches geschieht einfach. Man muss sich in solchen Schicksalsmomenten darüber im Klaren sein, dass die Stärke des Hinnehmens uns besser begleitet, als eine Ewigkeit Selbstmitleid oder Hass gegen die vermeintlichen Verursacher zu hegen und zu pflegen.

Der Überkluge neben uns stellt lakonisch fest: „Das hättest du doch erwarten können!" Der Kluge vermeidet den Überklugen, denn es ist unumgänglich; jedes Individuum muss nach dem Erlebnis den nächsten Lebensstationen alle Energie zuwenden.

Dem Drang nachzugehen, den Weg der Vermeidung zu ergründen, ist Kraftraub an den nächsten Lebenszielen. Unsere Schicksale und Fehlentwicklungen, haben wir sie ertragen, sind am besten gebettet auf den Schultern der Anerkennung, wie der Bereitschaft zur Wegsuchung, das nächste Dilemma, soweit es in unseren Kräften steht, nicht stattfinden zu lassen, die Bereitschaft zu hegen, das mögliche Unvermeidbare für möglich zu halten.

Diejenigen, die ihren Lebensverlauf öffentlich machen, sind keinesfalls von Mitleidssuche getrieben, vorausgesetzt, sie sind getrieben, ein Leben lang nach Schuldigen zu suchen.

Stellen wir uns zur Verfügung, um unsere Mitmenschen zu stärken.

Wir können nur Dank dafür ernten.

Denkschrift – Freiheit man hat dich zur Hure gemacht

Moralisch ist, dich und mich zu betrügen, so ist der Ehre, der Wahrheit, die Hölle beschieden. Wen schmerzt es, wenn willkürlich Menschen sterben, auch bleibt es geheim, bei wem die Mörder ihre Waffen erwerben.

Im Nebel der Werteallianz geht die Ethik an Krücken, der nicht sehen will, krümmt gehorsam den Rücken. Ein Jeder nimmt sich die Freiheit, eig`ne Wahrheit zu küren, Gott hilft denen, die dabei ihre Würde verlieren.

Verdrängt ist die Schuld, mit der Unzählige in Hunger getrieben, diese Zeit nimmt sich die Ehre, den Betrug zu betrügen. So darf die Ehre zum Kompost verkommen, die Würde hat der Wind von gestern mit auf die Reise genommen.

Es regelt die Münze den Reichen, den Armen, meine Zeit – hab` mit Gott und der Freiheit Erbarmen!

Freiheit – man hat dich zur Hure gemacht!
Freiheit – durch dich wird ein Zeitgeist verlacht!
Mag die Freiheit dich und mich auch plagen, macht
keinen Sinn, diese Freiheit nach Anstand zu fragen.

Freiheit – aus dir lässt sich alles machen, eine
gebügelte Zeit – in perfidesten Sachen!
Freiheit – man hat dich zur Hure gemacht!

Freiheit – ich träumte von deiner Tochter heut`
Nacht, umarmte sie, die Moral, dein erhabenes
Ebenbild, sie weinte – diese Zeit hat in Freiheit ihre
Seele gekillt.

Auch hatte der Bruder, das Gewissen, Schaden
genommen, so war die Freiheit durch die Freiheit
um`s Leben gekommen.

Freiheit – man hat dich zur Hure gemacht!
Freiheit – hast mir aus einer Wolke zugelacht!
Rief dir zu, bei deiner Rückkehr will ich leicht an dir
tragen, zur Ehre der Ehre mag ich vom Herzen
Freiheit ertragen.

Freiheit – schon begehr` ich dein Aufersteh`n,
möcht` mit dir in mein Leben und ins Leben des
Freundes geh`n!

Freiheit – verdirb nicht als Feigenblatt der Macht!

Freiheit – deine Väter haben dich für uns alle erdacht!

Menschenwürde – sei die Dreieinigkeit von Freiheit – Moral und Ehre, auf dass die Menschheit nichts anderes tiefer begehre!

So ist Gerechtigkeit dem Herzen all derer guten Willens zugedacht, zur Einkehr von Freiheit, Menschlichkeit, ohne Willkür, ohne Macht!

Philosophie des Rückblicks – Eine Verneigung

Jubiläum – bin älter geworden! Die Zeit hat mich dabei an die Hand genommen. Schau ich zurück – durch den Schleier der Zeit, seh` ich mich jung und schön, es ziehen vorbei Fragmente meiner Zeit, Schatten der Erinnerung.

Hab mir für solche Stationen selten Ruhe genommen, ich fühle es, bin als Quäntchen der Evolution im Leben angekommen.

Hätte ich schon in der Wiege an heute gedacht, über Teile meines Lebens hätte ich mich damals schon reif gelacht. Was heißt reif gelacht? Ich bin das, was ein Leben aus meiner Art so macht!

Hab das Recht, stolz zu sein, weil einst junge Schönheit mich eitelte. Auch traurig wegen Zeiten, in denen dunkle Lebensmuster mich beutelten.

Nehme heut` gewollt die sonnigen Momente meiner Geschichte her, die wärmenden Stunden, so mein Herz von Liebe und Güte betört.

Sehe die Tage, als mir in weißen Linnen Schmerz wie Glück begegneten, ich dem Auftrag der Liebe und der Schöpfung folgte, dem Leben neues Leben zu geben.

Heute resümiere ich – subjektiv gesehen, bin ich für die Einen jung geblieben, andere bemessen mich, hätt` mich gewollt zur Erschöpfung hingetrieben.

Nun frage ich mich, frag` euch, die ihr mich heute umgebt, habe ich nach eurem Maß ehrbar für`s Leben, für euer Wohl gelebt?

Eure Herzen verkünden – es ist gelungen – gemeinsam edlem Lebenssinn zuzustreben, die Arme uns´rer Seelen waren nie zu kurz, um dem Leben erbauend die Hand zu geben!

Ich lehn` mich an die Gewissheit, wir werden uns auch morgen mit den Herzen begegnen, mit künftigen Generationen, das uns einende Vermächtnis erstreben!

Als Werkzeug dafür haben ewig ehrbare Mütter Herzblut gegeben!

An die Doppelzüngler – Gnade Gott, wenn dies eure Würde ist

Hört her! Ihr, die ihr das Kreuz vor euch hertragt.
Hört her! Ihr, die ihr dem Andersdenkenden, dem Irrenden die Ehre versagt.

Wisset, ihr Philister und Pharisäer, dass euch später eure Geschichte plagt, wenn ihr als Heuchler, wie Geier, an eurem besiegten Leichnam nagt.

Einst gabt ihr einem Partner für die Gleichheit euer Wort, schon waret ihr Ziehväter, in euch war Anstand und Ehre verdorrt.

Wollte so gern, dass sich zum Guten uns`re Zeiten verweben, musste erfahren, meine Gedanken sollten sich in eurem Dunst vernebeln.

Wisset, schandhaft ist euer Tun, die Sünde am Menschen, solltet den Blick auf die Schatten eurer Vergangenheit lenken.

Welchem Himmel, welcher Hölle ist eure Waage

entliehen, die zur Selbstvergötterung taugt,
geheiligte Bilanz zu ziehen.
Wenn die Vertreter Gottes dafür das urbi et orbi
gegeben, ist jedes, was ihr tut, nicht bedacht mit
eures Vater`s Segen.

Ist gültig das Gebot – sollst nicht falsch Zeugnis
reden wider deinem Nächsten, wäre dieses Gelübde
schon damit gebrochen, sich zu erheben zum
Höchsten.

Hört! Auch eure Geschichte bedarf des Verzeihens,
nur anders eingefärbt, oder ist es euer Heil, wenn
der Geier wütet, ein System hinstirbt?

Warum beendet ihr nicht den kalten Krieg, genießt
in Ehren den zweifelhaft erworbenen Sieg? Vergesst
nicht, es sind Millionen, die euer Tun verachten,
auch solche, die glaubten, ihr wäret die, die es
besser machen.

Schon kann man auf euren Wegen eure „ Leichen"
auflesen, es sind viele, deren Kraft, deren Seele
durch euer Tun verschlissen.

Wundert euch nicht, die schauen in Stille auf das
Damals zurück, „die ewig Gestrigen" tragen im
Herzen ihr vergangenes Glück.

Schlangen der Not, der Demütigung züngeln aus ihren Augen, als Geschichtsverkünder, die nicht zum glücklichsein taugen.
Seid gemahnt, legt eure Arme um die Herzen der Menschen, es wäre der Weg, das Morgen zum Frieden hinzulenken.

Siegt das Tun des Herodes, des Pontius Pilatus, die Welt der Intrigen, wird die Erlösung durch Nächstenliebe im Geist Jesu Christi nicht siegen.

Es ist Zeit, dieser Mahnung Glauben zu schenken, sich mit dem Auftrag für Menschlichkeit in eurem Tun zu verschränken.

Nehmt Hass und Entehrung aus jedem Tag, seid Anlass dafür, dass an humanem Geist uns`re Zeit Freude hat.

Geht mit eurem Volk in die Zukunft nicht auf unebenen Weg, ehrbar ist die Macht, wenn sie der Humanität, der Wahrheit die Ehre gibt.

Aus der Vogelperspektive – Ein Zeitthema

Ihr Menschen – einst waret ihr für uns Vögel der
Strauch, die Heide, um auszuruh`n.

Ihr Menschen – aus den Lüften betrachten wir
sorgenvoll euer bizarres Tun.

Ihr Menschen – wir Vögel wollten gemeinsam mit
euch das Leben in das Morgen tragen.

Jedoch, seh`n wir in Sorge des Himmels
Kummerfalten über euer Versagen.

Bedenkt – ihr Menschen, Hand in Hand gestalteten
wir über Millionen Jahre gemeinsam Leben.

Bedenkt – ihr Menschen, schon vor euch, sind wir
Herrscher, auch Leidtragende gewesen.

Bedenkt – ihr Menschen, die Evolution erteilte euch
den Segen, zu hüten das Leben weit über das Heute.

Bedenkt – ihr Menschen, versagt ihr, ist euer Planet,
euer Glück schon morgen des Moloch`s Beute.

Begreift – ihr Menschen, zur letzten Verneigung hat sich die Erde mit der Bitte für`s Leben aufgestellt.

Begreift – ihr Menschen, unter der Decke der Gier ist Not verdeckt, Blindheit erstickt Streben.

Begreift – ihr Menschen, euch ward gegeben das Genie, zu sorgen für erhabene Lebensbalance.

Begreift – ihr Menschen, nur ihr gebt als Gestalter eurem Dasein eine sichere Chance.

Hört – ihr Menschen, seit Millionen Jahren, sind wir bemüht, euch unsere Kinder zu schenken.

Hört – ihr Menschen, es ist Zeit, an eure und unsere Kinder, an`s Leben zu denken.

Hört – ihr Menschen, unschuldig müssten wir Vögel einen endgültigen Weg mit euch gehen!

Hört – ihr Menschen, beim nächsten Neubeginn, werdet ihr wieder lange nach dem Archaeopteryx aufersteh`n!

Betrübtheit begreifen

Heut` hat ein trüber Tag besorgt gefragt, ist`s mein
Regime, das dich mit dunklen Schatten plagt?
Danach hat auch ein heller Sonnentag bedacht,
warum ist`s nicht mein Licht, das deine Seele
glücklich macht?

Es forschten auch des Tages wechselnde Gezeiten,
sind wir es, die den Menschen Trübsal auf den Weg
bereiten? Keinem dieser Fragesteller wär mit
Gewissheit hier zu sagen, wer könnt` von diesen
drei durch Schmerz und Unruh plagen.

Nicht schlüssig ist, bedrückt des Himmels Wolkental,
gesichert sei vermerkt, niemals ist`s des Tages
warmer Sonnenstrahl, auch nicht der Zeit, die
beides in sich eint, wär`s anzulasten, wenn Seelen
sich betrübt, gequält durch`s Leben tasten.

Bedrücktes Sein ist wohl mit den Geschöpfen eigner
Art verbunden, so auch der Zeitgeist ist Ursprung
vieler Seelenwunden.
Dem Peiniger den Abschied angesagt, geht dir kein
Freund verloren, nur durch die Hand, die ehrbar
dich durch`s Leben führt, wirst du in deinem Dasein
neu geboren!

Botschaft des Herzens

In meiner Brust zappelt erregt ein faszinierendes
Ding, mein Herz gleicht dem Sommergast, dem
prächtigen Schmetterling.

Aus meiner seelenverarmten Welt, dem oft tristen
Leben, ist mir heut` ein ed`ler Mensch, die Güte
gegenübergetreten.

Mich erwärmte ein seltenes, beglückendes
Seelenempfinden, mochte diese Stunde zu einem
Blütenbouquet gerne binden.

Mein Verstand erbot sich, dieses Erleben als
Botschaft hinzureichen, damit danken diesem
besonderen Tag für das beglückende Zeichen.

Wollte sagen, Mensch sei Schöpfer in Humanität,
das Futurum auf Erden, begreif dich als Anwalt für
das Heute, das Morgen, das Sein, das Werden!

Brief an die Zukunft – eine philosophische Betrachtung

Jawohl – ich bin alt! Jawohl – ich gehe langsamer als ihr Jungen!
Jawohl – ich sehe nicht mehr so frisch aus wie ihr!
Jawohl – mir ist eure Fröhlichkeit auf meinem langen Weg verloren gegangen.

Aber vielleicht, auch wenn ihr es nicht wahrhaben wollt, habe ich euch Eines voraus. Ich besitze einen Speicher der Freude und des Leides, der mehrere Geschichtsepochen in sich eint.

So habe ich, wenn ich es human betrachte, bis heute meinen gesellschaftlichen Wert, egal ob anerkannt oder nicht!

So ist, mit Bescheidenheit angemerkt, mein jahrzehntelang gesammeltes Wissen, meine Erfahrung unwiderruflich die Wiege für deinen Fortschritt gewesen.

Es ist nicht Bitterkeit, die mich diese Anmerkungen

machen lässt, vielmehr die Einleitung hin zu einer
Mahnung, die ich mir erlaube zu hinterlegen.
Ihr Nachkommen steht nicht in der Pflicht, so ihr
eure Zukunft nicht begreift, nicht begreift, das Alter
zu ehren!

Wohl aber in der Pflicht, mein Wissen, meine
gelebte Moral, mein gelebtes Leid mir als euer
Kapital für die Zukunftsgestaltung abzufordern!

Wolltet ihr dies, wäre es für mich glücklich
machend, besonders dann, käme der Wille dafür
aus eurer Verantwortung für eure Zeit, aus eurem
Ehrempfinden für die von euch gezeugte nächste
Zukunft.

Es gibt Völker, die haben sich die Ehrung der Alten,
die Bewahrung derer Geschichte zu einem
moralischem Gesetz gemacht – dies in allen Ehren
und zutiefst gewollt!

Meist lebt dieses Bekenntnis in Naturvölkern, aber
auch noch spärlich in Nationen, die sich ihrer
Geschichte verpflichtet sehen, dem Zeitgeist des
Besitzwahns, des leichten Lebens, des individuellen
und gesellschaftlichen Egoismus nicht zum Opfer
geworden sind.

Es gibt zu viel Alte! Wir überaltern! So rufen die vom

Geld verdorbenen Apologeten unserer Zeit in den Tag. Vergessen im Vergeuden ihre moralische Pflicht, Leben zu gestalten, die Verantwortung für notwendige Gestaltung der humanen evolutionären Prozesse auf unserem Planeten zu übernehmen.

So stirbt es sich auf der anderen Seite unserer schönen Erdkugel leicht, vom Säugling bis zum vierzigjährigen Greis. So sind Millionen, die wie Menschen aussehen, aber vom Überfluss moralisch – ethisch nie für die Menschlichkeit zugelassen waren, in ein Ghetto gestellt.

Dieser bittere Zustand bleibt außerhalb jeden Interesses der Marktwirtschaftsprofiteure.

So ist das Alte mit seiner Weisheit darüber entsetzt, dass die Wohlstandsmoralisten dieser Zeit mit dieser Realität solche wie Jesus, Gandhi und Mandela verhöhnen.

Ach Zukunft, wie muss ich dich bedauern, deine nachgewiesene Genialität wird so wohl zur Absurdität verkommen!

Zukunft – ich frage dich, die unzähligen unsinnigen Kriege, könnten sie dir nicht Lehre sein?

Zukunft – ich frage dich, wäre es dir nicht ein

ehrbarer Aufwand, dich nur einen Tag dem obersten Sinn des Lebens zu widmen, über die erste Dimension: „Leben durch Frieden" wenigstens nachzudenken?
Ich nehme, obwohl ich noch tausende Fragen hätte, jetzt meinen Wanderstab und gehe meinen unumgänglichen Weg.

Bitte Zukunft, hindere mich nicht daran, noch habe ich viel vor, möchte dazu beitragen, dich für das junge Volk zu erhellen.

Aber bitte, halte mich dann doch nochmal auf, solltest du Zukunft, einen Rat für deine Zukunft benötigen.

Eh` ich mich auf mein letztes Stück Weg mache, noch eine, wenn auch makabre Anratung. Ich Alter stelle mir vor, all jene, die den Sinn edler Lebensethik nicht begreifen wollen, deren Tun eine Liaison von Machtrausch und Pflichtvergessenheit ist, zum Zweck einer Auferstehung zum Opfer ihrer Teufelsarsenale werden zu lassen.

Ist Gott ihnen wirklich so nah, wie sie verkünden, wäre es wohl auch für ihn eine Chance, die vom grausamen Tod Verschonten wieder in seine Tempel der Danksagung zu leiten. So wäre auf göttliche Weise für alle Zeiten auch der Kampf der

Philosophien für immer beendet.

Es schaudert mich bei dem Gedanken! Noch will ich, wenn auch gequält, daran glauben, dass nur das drakonische Mittel die Moralheilung bei den Mächtigen dieser Welt bewirken kann.

Wenn Wissen Macht ist, dann sollte es doch möglich sein, dass die Völker dieser Erde jene zur Lenkung ihrer Schicksale berufen, die nicht das politische Mandat heiligen, sondern den Dienst am Menschen als höchste Pflicht verstehen.

Geehrte Zukunft, gib dem Heute den Rat, die Ohnmacht der Würde zu beenden, verschaffe dem Geist der Väter der humanen Menschlichkeitslehre eine Kanzel.

Nun muss ich Alter endgültig weiter, um an meinem Glaubenspodest ergiebig zu arbeiten. Vielleicht machen sich einige Mächtige die Denkweisen von uns Mahnern zu eigen.

Lebt wohl, hätte gern einige der heutigen Zeitenlenker auf meinen letzten Wegen, so könnte ich ihnen gern als Moderator für eine gute Aussicht zur Verfügung stehen.

Das Gold, das dich zeugte - Eine Zeitbetrachtung

Es gibt Menschen, die werden Senioren genannt. Das ist wohl eine offizielle, wie auch respektvolle Form der Anrede.

Dann sind da aber die Anderen, die die Gereiften und vom Leben gebeutelten DER ALTE – DIE ALTE nennen. Diese Form der Anrede darf man wohl, frei von Bösartigkeit, als negative Wertbestimmung empfinden.

Jene, die diese Anrede wählen, wollen wohl damit verdeutlichen, dass diese Begriffswahl, DER ALTE – DIE ALTE, so viel bedeuten könnten, wie – sind nicht mehr ernst zu nehmen – die verstehen den Zeitgeist nicht – sie sind das Überholte, das Überflüssige.

Weiter gehen dann noch die, die über allem stehen, die Weltengestalter. Diese wollen mit der Benennung, DER ALTE – DIE ALTE, zum Ausdruck bringen, handelt es sich um zu teures Beiwerk, um eine Art Eiszeitfossilie.

Wie seligmachend ist es, wenn dann so ein ALTER —
so eine ALTE verkünden, meine Kinder umgeben
mich treusorgend, lesen mir Wünsche von den
Augen ab und krönen ihre Verehrung zu ihren
Kindern, indem sie sie als herzensgute Wesen
bezeichnen.

Mit dieser edlen Aussage ist jedoch nicht jener
junge, coole Typ gemeint, der solchen Alten ohne
jeden Feinsinn verklickert — hast mich angefordert,
also ist es deine Pflicht, für mich zu sorgen, so lange
du auf dem Planeten bist.

Schließlich bin ich ein Produkt deines Vergnügens,
es war dein Wille, dass es mich gibt. Hier sind wir in
einer Einzelkabine des Lebens angekommen, in der
sich soeben ein Kopf entkleidete — Intelligenz und
Feingefühl ablegte.

Ich beschäftige mich aufwendig, aber gerne, mit
diesen Erscheinungsbildern. So geht an mir nicht die
Wahrnehmung vorbei, dass Werte wie Alterswürde,
Seelenbehütung und Ehrerbietung zu einer
altersinternen Sache geworden sind.

Hier ist es mir ein Bedürfnis, mich vor den
Nachkommen zu verneigen, die ich als Ausnahme
wahrnehme.

He – ihr anderen Kinder, ihr habt meine Verneigung. Ihr, die ihr das Herz der Ehrung in euch tragt, seid jene, die fähig sind, euren Nachkommen Werte wie Achtung, Dankbarkeit und Menschlichkeit in die Herzen zu pflanzen.

Ihr seid auch jene, die einer Zukunft in Menschlichkeit eine Chance geben! Den anderen, denen häufig der Sinn für das Edle, das Anständige fehlt, sage ich:

DER ALTE – DIE ALTE übernahmen über die Zeit deines Lebens Verantwortung für deine unbeschadete Existenz, haben so unter Verzicht und Mühen für dein Wohlbefinden gesorgt. Haben Tränen vergossen, als du von Gefahr umgeben warst. Und was das Besondere ist, immer wenn sie von dir sprechen, sagen sie mit den Stimmen ihrer Herzen – MEIN KIND!

Natürlich war nicht jedes Kind gewollt! Es gab Zeiten, da hätten Eltern oder Liebespaare alle Lexika der Welt vor einem Liebesakt wälzen können, sie hätten kein Verhütungsmittel gefunden.

Jedoch war es eines ihrer Lebensrechte, die Liebe zu leben! Ihr Jungen werdet noch erfahren, welch ein Balanceakt das Leben unddie Liebe sind!

Also – wollen wir aus tiefstem Herzen feststellen –
wir ehren heute das Alter! Wir verneigen uns! Und
wie durch Umarmung im Inneren unserer Erde
unter dem Bergmassiv und in den Meeren aus
Gestein sich Gold formt, sollen die Jungen in
Umarmung das Gold des Alters behüten.

Denn, Alter ehren und behüten, heißt, den
Reichtum des Lebens bewahren!

Der Bock, der die Ära reitet - Eine Zeitbetrachtung

Die Einen haben keinen Bock, stolz zu sein, man könnte glauben, deren Gehirn sei zu klein.

Die Wissenschaft meint, es gehe nicht um des Hirnes Größe, von Bedeutung sei, wie ein Mensch mittels Hirnwindungen Leben löse.

Andere sagen, ein Herz soll in puncto Moral im Spiele sein, auch hier wäre nicht entscheidend, ist es groß, ist es klein.

Es schwimmen Nihilisten und Angepasste geeint im Strom des Lebens, ihrer ist tägliches Nehmen, nimmer das Geben.

Die Minorität fragt, wie soll man diese hin zum Schöpfertum lenken, respektive bei jenen Lust erwecken, an den Nächsten zu denken.

Hier ist bedrückendes Erkennen beim Betrachter angezeigt, sein Fazit! Ehre schrumpft, Leichtlebigkeit beherrscht die Zeit!

Analytisch kehrt er zum Ursprung, zu den Hirnwindungen zurück, begreift, auch die besser Ausgestatteten suchen im Alltag niederes Glück, haben sich vom Podest ihrer Estrade auf deren untere Stufe begeben, in Personalunion gestalten sie mit den Null-Bockern lockeres Leben.

Der Triumph dieser unnützigen Zeitgestalten, ist die Verkündigung fragwürdiger Freiheit durch schamloses Handaufhalten.

Was ist nun aus dem Streben der Ehrbaren, Naiven geworden, fehlen denen im Bauch des Molochs Mut, zum Handeln die Worte?

Es gibt sie noch! Hier und dort werden noch Teppiche der Ehre gewoben, trotz des Erkennens, durch Worthülsenwerte wird Würde verschoben!

So regnet es immer häufiger über den Wolken, der Himmel weint ins All, vermag nicht mehr den Naturgesetzen zu folgen.

So versagt er in Trauer den Menschen das Nass, Tags drauf schüttet er in Verzweiflung Tod, als wär es ein Spaß.

Vom Pol grunzt der letzte Eisbär, schön war`s , mit euch Menschen zu leben, verdammt, ihr hattet die

Macht, uns`re Erde nicht aufzugeben!
Bald benötigt ihr keinen Noah, der die nächste
Arche baut, auch keinen Meteoriten, der den
Planeten zerhaut!

Euer Versagen bringt das Urteil für unser Wunder,
den bitteren Tod, schaut auf euer Morgen –
erleuchtet euch – bezwingt eure Not!

Des Wortes Nachfrage

Ein Wort fragt wieso hab` ich den Mund verlassen,
weiß nicht, warum ich geboren bin.

Fühl` nutzlos mich, mein Schöpfer gab mir keinen
tiefen Sinn, schickte mich nicht durch seine
Denkterrassen, so wird der Adressat mich wohl für
meine Leere hassen?

Man sagt – ein Mensch besäß` die Fähigkeit zu
denken, sei ausgestattet, zu erkennen, auch der
Welten Lauf zu lenken.

Jedoch, ich Wort, nehm` wahr in allen meinen
Lebenstagen, oft ist es hohl, was Menschen so zu
Menschen sagen.

Mit mir, dem Wort, mag man dem Nächsten `nen
Gefallen tun, auch gibt mich mancher frei, um sich
beim Reden auszuruh`n.

Missbraucht fühl` ich mich gar, muss für den Eit`len
ich der Pate sein, erniedrigt er zum Blech mich,
schwelgt so, als wäre ich sein gold`ner Schrein.

Der Psychologe konstatiert, Konversation sei gut
für`s Seelenheil, wann`s je so war, hatte das Hirn
mir tiefen Sinn gern zugeteilt.

Nimmt man bis hier nun alles Tun der auserwählten
Menschen her, dann fällt bei allem Großmut, den
ich verkünden muss, mir schwer, den logischen
Gehalt aus dem Gesagten, wie dem Tun, zu filtern
und zu nutzen, um für mein Morgen auf ihm
auszuruh`n.

So fragt man sich, ist Mensch, wie Hirn gar
überschätzt? Hat das Genie sich an sich selbst,
seiner Geschichte abgewetzt?

Fasst man`s zusammen, ist ihm der Nächste oft
wohl nicht von Wert, ich Wort, bin Sklave des
Narzissten, der Glanz und Gold zuerst begehrt.

All jene, die mich gern zur Heiligsprechung
hergenommen, durch alle Welten, bin ich, das Wort,
wie Sand durch ihre Hand geronnen.

So muss der Priester, Politiker, auch das
Wissenschaftsgenie begreifen, der Mensch hat, wie
die taube Frucht, oftmals vergessen in Bedachtheit
ehrenhaft zu reifen!

Es hat die Herde sich auf ihren Wegen geradso recht

und schlecht erhalten, die Frage ist, vermag sie sich, und was sie trägt, in eine Ewigkeit gestalten?

Noch schwebt ein Hauch von Harmonie durch die Natur, ist Kraft zu spüren, wird der Berufene mit seinem Wort zur Tat, auf unser Lebensglück hinführen?

Wär` es des Menschen Wille, sich in Demut an seiner Heide zu weiden, möchte` ich, das Wort, zum Wohle des Verkünders, bereit sein, die Tränen meiner Welt zu heilen.

Dialog mit dem ewigen Verlust

Durch die Nebel meiner Tage seh` ich dein Antlitz verschwommen, bin nach dem Abschied in die Jahre gekommen. Dank für jede Stunde, für die Erinnerung, du bist ewig bei mir, so bleib ich ewig jung.

Aus den Wolken winkt das Glück uns`rer Tage, mein unvollkommenes Wesen schmunzelt mir zu, mir Augenblicksplage. Fasst zusammen all jenes, das uns verband, spür die Behütung deines Atems, deiner gütigen Hand.

Der Macht der Lebensgebote mussten wir uns beugen, jedoch bleiben wir der Liebe, der Güte erhabene Zeugen. Könnt` auch weinen um dich, mein ewig` Verlust, Bedrückung behüten in wehmütiger Brust.

Du mahntest, mich dem nicht hinzugeben, pflanztest mir Sonne in`s Herz für mein weiteres Leben. Verliehst mir Stärke, den Drang, auch n a c h dir zu streben, meinem Leben, meiner Zeit, dem Freund Hoffnung zu geben.

Drum bitt` ich die Blume, den Vogel, dir mein Glück
zu verkünden, hab mich aufgemacht, neue Welten,
neuen Segen zu finden.

Zwar geh` ich auf dich zu! Möchte vom Herzen gern
noch bleiben, will den Pegasus, auch für uns beide,
ein wenig noch reiten.

Mag nicht von der Liebe, die dir gleich ist lassen,
schreite mit ihr, von Freuden erbaut, durch die
Alltagsgassen.

Schenk dir das Intermezzo, den Rückblick auf
gemeinsame Zeit, so bin ich für`s Leben, auch für
die anderen Wege gerne bereit.

Ein literarisches Zeitgemälde

Gesprächspartner:
Funktionalis – Kind der BRD
Futuros – Kind der DDR

Funk.: Warst du schon mal im Harz?

Fut.: Bin ich schon seit 10 Jahren.

Funk.: Wieso – bist doch wie ich in Berlin! Ich meine den Harz mit dem Hexentanzplatz.

Fut.: Ich auch – mein Leben ist ein Hexentanzplatz.

Funk.: Ich spreche von dem deutschen Mittelgebirge.

Fut.: Dein Harz ist nicht mein Hartz, der Meine bedrückt mich mit der Last des Mont- Blanc.

Funk.: Du sprichst in Rätseln, bei deinem Hartz und meinem Harz handelt es sich offenbar um eine phonetische Gleichheit?

Fut.: Ist wohl so, deinem Harz fehlt das bedrückende „T" vor dem „Z"

Funk.: Was heißt „T" vor dem „Z", Harz besteht aus H –A – R – Z, warst wohl nicht so gut in der Schule?

Fut.: Hat mir nichts genutzt, in der Schule gut zu sein, fiel in deiner Gesellschaft trotzdem durch die Roste.

Funk.: Vielleicht fehlt dir die nötige Zielstrebigkeit?

Fut.: Nach 10 sogenannten „Quali – Maßnahmen" hört man auf, zielstrebig zu sein!

Funk.: Siehst wohl deine Würde verletzt?

Fut.: Wärest du von so vielen Jobcenter – Marionetten wie ich mit dem Kopf in die Bürokratietinte getaucht worden, wüsstest du, wovon ich spreche.

Funk.: Solltest stärker an das Grundgesetz glauben, dort ist niedergeschrieben… die Würde des Menschen ist unantastbar!

Fut.: Als die Gebrüder Grimm dieses Machwerk schrieben, waren sie durch ihre teilweise herzlosen Märchen schon moralisch verdorben.

Funk.: Einspruch – unser Grundgesetz regelt die Verhaltens – und Moralnormen, nach denen wir leben!

Fut.: Ich nenne dein Grundgesetz eine Schizophasie, die schriftliche Hinterlassenschaft von Sprachverwirrten.

Funk.: Du gehst zu weit – jedes Gesetz bedarf einer situationsbedingten Auslegung.

Fut.: Sag` ich doch – für die einen schafft dein Grundgesetz den Honigolymp, für die anderen ist es die Plattform, die Leute wie mich zum Heizmaterial für`s Höllenfeuer macht.

Funk.: So verzetteln wir uns, lass uns zu unserer Harz – Story zurückkehren. Dein Hartz hat also mit meinem Harz nichts zu tun?

Fut.: Als Vergleichsobjekte schon. Dein Harz, hast du ihn bestiegen, bringt dich der Sonne näher. Mein Hartz, ist er mir übergestülpt, führt mich in eine Daseinshölle.

Funk.: Vielleicht hast du dich für den falschen Beruf entschieden?

Fut.: Ich lebte mal in einem Staat, der machte mich

in diesem Beruf zum „Helden der Arbeit !

Funk.: Wenn man dir aufmerksam zuhört, bekommt man den Eindruck, du hast zu viel Marx gelesen.

Fut.: Nicht nur gelesen – bewusst gelebt!

Funk.: Nun gut – aber vielleicht ist so wie dein Staat, auch dein Beruf abgewickelt worden?

Fut.: Der Staat wohl, den Beruf gibt es noch, allerdings reduziert und in Billiglohnreservate umgelegt.

Funk.: Und warum bist du nicht mit deinem Beruf mitgegangen?

Fut.: Hätte nichts gebracht, wo er hinging, gab es schon genug Lohnsklaven, wo er blieb, ist er der technischen und finanziellen Diktatur zum Opfer gefallen.

Funk.: Hättest doch Pionier werden können, um neue Gipfel zu erstürmen.

Fut.: War ich – bin so Stasi- verdächtig geworden, wohl auch Hartz 4ler. Gott ist eben alt geworden und bestechlich! Er hat die Reinheit seines Sohnes Jesus Christus für ein Handgeld an`s Kapital verhökert.

Funk.: Das klingt alles pessimistisch und agitatorisch.

Fut.: Nur weiter! Du bist die Sahne, ich der Kaffee und tümple so unter dir!

Funk.: Was soll das jetzt mit Sahne und Kaffee?

Fut.: Ein Sprachbild eben – du, die Sahne, bist dabei das Obere, das Reine, nach physikalischen und Machtgesetzen bist du das Dominierende über mir – und dem Satz unter mir.

Funk.: Interessant – so hebst du deine eigene Klage auf. Du stellst fest, zwischen mir und dem Satz bist du sozusagen die Mittelschicht! Und bedenke, ist die Sahne eliminiert, was ich für ausgeschlossen halte, wärest du dann plötzlich das Oben!

Fut.: Nicht schlecht, deine Analyse – man müsste also…

Funk.: Lass diese Gedanken weg – ich entdecke da eine Umsturztendenz.

Fut.: Keine Sorge – ich muss deiner Welt diese Arbeit nicht abnehmen.

Funk.: Was soll das?

Fut.: Die Endlichkeit deines Systems ist von den Gesetzen der Evolution bestimmt. Für den Beweis zitiere ich einen unantastbaren großen Geist – Albert Einstein, er sagt: Der Staat ist für die Menschen und nicht die Menschen für den Staat da…Der Staat sollte also Diener, unser Diener sein, nicht wir Sklaven des Staates!

Funk.: Auch Agitation – reine Agitation – lass mich noch einmal auf deinen und meinen Harz zurückkommen. Wie siehst du die Zukunft unserer Harze?

Fut.: Dem landschaftlichen Harz prophezeie ich ewige Schönheit, ewiges Leben. Dem Knechter Hartz werden wegen Verletzung von Menschenwürde strenge Richter ein strenges Urteil sprechen.

Funk.: Verstehe ich nicht.

Fut.: Glaub´ ich dir.

Funk.: Wieso glaubst du mir mal etwas?

Fut.: Verstündest du den Sinn meiner Worte, hättest du nicht die Frage nach unserer Zukunft gestellt. Du wüsstest, wie ein Raubtier nicht zum weißen Ross mutieren kann, kann das Raubtier, fügt es durch seine Unersättlichkeit dem Allgemeinwohl der Natur Schaden zu, früher oder später nicht der Flinte des Wildhüters entgehen.

Funk.: Aber es gibt doch keinen Zweifel, dass meine Welt das Sinnbild für Freiheit, Demokratie und Menschenwürde ist.

Fut.: Schlecht gebrüllt, Löwe! Gestatte mir, mich noch einmal auf Albert Einstein zu berufen. Er sagte: Die besten Dinge im Leben sind nicht die, die man für Geld bekommt! Und er setzt fort, ein Leben, das vor allem auf die Erfüllung persönlicher Bedürfnisse ausgerichtet ist, führt früher oder später zu bitterer Enttäuschung! Und zu dieser Feststellung Einsteins wäre noch ein Gedanke von ihm zu eurem Hassverhalten zum Kommunismus hinzuzufügen. Er sagte: Ich war nie ein Kommunist, aber wenn ich es wäre, würde ich mich dessen nicht schämen! Bist du nicht der Meinung, dass ihr euch so vor Albert Einstein schämen müsstet?

Funk.: Wo hast du diese Geschichtsbeispiele und Zitate her, für einen Hartz 4ler schon ungewöhnlich.

Fut.: Sehe ich nicht so – dein Vorurteil ist Ausgangspunkt dafür, dass ich Hartz 4ler bin.

Funk.: Vorurteile hin – Vorurteile her, es würde mich einfach interessieren, woher deine tendenziöse Intelligenz stammt.

Fut.. Das ist einfach zu erklären, in meinem Land gab es die Kultur, dass jeder Bürger Mitbesitzer von Produktionsstätten – Kunst – und Bildungsinstituten war. Jeder hatte einen Arbeitsplatz, ein Theateranrecht und Bildungswelten ohnegleichen. Zusammengefasst war das eine wahrhafte Freiheit durch Arbeit und Bildung.

Funk.: Hypothesen – Altgeschichte – Lass uns zu deinem Hartz zurückkehren. Mit deiner 4 stehst du doch deutlich über der 1.

Fut.: Verstehe dein Latein nicht.

Funk.: Na, du musst doch zugeben, dass der Ein-Euro – Jobler auf der Leiter der Sozialsprossen unter dir angesiedelt ist.

Fut.: Du willst damit also ausdrücken, dem Ein-Euro – Jobler stehen noch alle Türen hin zur Menschenwürde offen?

Funk.: Genau – nimm mal den Zeitarbeiter als anderes Beispiel, dann begreifst du, wie human alles durchdacht ist. Zeitarbeit ist ein

Sozialprogramm!

Fut.: Sozialprogramm – Zeitarbeit, human?

Funk.: Zeitarbeit ist eine Chance, sich in den Pausen bis zum nächsten Broterwerb kraftschöpfend ausruhen zu können.

Fut.: Bevor du dein Diskriminierungskonzept weiterentwickelst, lass mich auf deine Leiterphilosophie zurückkommen. Als Hartz 4ler stehe ich mit deiner Theorie auf einer begünstigten unteren Sprosse.?

Funk.: Na klar!

Fut.: Wenn die Zeitarbeiter – die Leiharbeiter – die Ein-Euro – Jobler und die Arbeitslosen die Sprossen 1 bis 5 auf der demokratischen Sozialleiter belegen, wer besetzt die Sprossen über denen?

Funk.: Das steht hier nicht zur Debatte! Wolltest du die Strukturen über dir beurteilen, wäre das für Leute wie dich anmaßend, dazu hat dich das Leben nicht geschaffen.

Fut.: Dir fehlt wohl jedes Schamgefühl? Ist die Nachfrage also nicht erlaubt, wieso dein Reichtum vergeudender Moloch sich seiner Verantwortung entziehen darf und uns so Würde und das Kulturgut der Arbeit als Almosen gestattet.

Funk.: Protest – du klagst gegen die Unschuld! Alle modernen Formen der Sklaverei, wie du es nennst, werden in verantwortungsvollster Weise von zuständigen Ämtern verwaltet.

Fut.: Verwaltet – das erste Geständnis vom Apologeten des Systems. Menschen, ihre Not, ihre Chancenlosigkeit werden verwaltet.

Funk.: Was klagst du? Alle diese Leute bekommen das Existenzminimum zugesichert. Und – sie scheinen zufrieden zu sein! Keiner ruft nach eurer Revolution! Es bestätigt sich, der Deutsche war immer findig und bescheiden.

Fut.: Also ist mein Urteil gesprochen? Ich werde also bis zum Ende deines Sozialsystems als Kloake vegetieren.

Funk.: So wird es wohl sein, denn kosmobiologisch und sozialhistorisch gesehen, bist du ein Nichts, unbedeutende im Raum schwebende Materie.

Fut.: Und sind die Haie deiner Gesellschaft kosmobiologisch gesehen nicht das Gleiche?

Funk.: Ich spüre, du kommst an deine Grenzen. Was du verächtlich als Haie bezeichnest, sind die Himmelskörper, die uns behütend umkreisen, die uns erhalten. Da ist also nichts mit unbedeutender im Raum schwebender Masse.

Fut.: Und im Wechselspiel der Gewalten, benötigen diese Himmelskörper mich frei schwebende Masse für den Erhalt ihres Reichtums. Mich bewegt da eine Frage: Könnte man eventuell zu meinem Wohl mit einem modifizierten Rollentausch rechnen?

Funk.: Vorerst wohl nicht. Wenn überhaupt, dann müsstest du vorher klären, wie du den anfallenden Raummüll schädigungsfrei entsorgen willst.

Fut.: Ich werde daran arbeiten!

Funk.: Übrigens, warum hast du deinen Staat, in dem du Held der Arbeit wurdest, nicht festgehalten?

Fut.: Lass mich, warum das nicht möglich war, ein Zitat benutzen. Ich entscheide mich für Berthold Brecht und meine Erfahrung… „Erst kommt das Fressen, dann die Moral!"

Funk.: Was soll das?

Fut.: Da gibt es in zu vielen Menschen das Naturell, politischen Systemen nachzulaufen, die Glamour und Schönrede vor sich her tragen.

Funk.: Ihr hattet wohl nichts zu essen, nur Moral?

Fut.: Wir hatten auch zu essen, nur die andere Seite hatte mehr und besseres für`s Auge – so bestätigte sich Berthold Brecht.

Funk.: Aber ihr hattet doch euren großen Bruder.

Fut.: Den hatten wir wohl, bis der Judas der Neuzeit auferstand.

Funk.: Was hat dein Problem mit der Bibel zu tun?

Fut.: Mehr als du denkst – und nicht nur bezüglich Judas.

Funk.: Wie ich hörte, hieltet ihr es doch mit dem Atheismus?

Fut.: Wohl schon, wir glaubten an unser Schöpfertum, ohne Gottes Hilfe. Was den großen Bruder anbetrifft, den hatte man arm geschossen.

Funk.: Was heißt arm geschossen?

Fut.: Als das Land meines „Großen Bruders" nach seiner Befreiung vom Spätfeudalismus dabei war, sich zu einem modernen Industriestaat zu entwickeln, wurde es von dem deutschen System vor euch überfallen und in ein Land der verbrannten Erde verwandelt. Ein Volk wurde obdachlos, 30 Millionen Menschen dieses Volkes waren getötet, genauso viele Krüppel, eben ein gepeinigter, armer großer Bruder.

Funk.: Aber unser großer Bruder bekämpfte doch den gleichen Feind und baute uns trotzdem zu einem wohlhabenden Staat auf.

Fut.: Mit dem Unterschied, das Land deines großen Bruders, seine Produktionsstätten, blieben unverletzt.

Funk.: Und was hat das mit mir zu tun?

Fut.: Dass du von deinem großen Bruder den Überfluss gereicht bekamst, den er bis dahin in`s Meer schüttete.

Funk.: Also warst du immer arm?

Fut.: Nicht ganz. Ich war reich an Seele und an Wissen, materiell bekam ich nichts geschenkt.

Funk.: Waren wir nicht auch tüchtiger?

Fut.: Tüchtiger kaum, aber bei euch regierte im Individuum eine gewisse bürgerliche Überheblichkeit. Dazu kam die Rückkehr der Stützen des Dritten Reiches in Industrie – Polit-Apparat – Finanzwesen und Jurastuben als Machtzentrale. Eure Ordnung war unter dem Schirm der göttlich-freiheitlichen Demokratie zum Handschlag mit der Kriegsschmiede des Herrn Hitler in Gestalt von Krupp, Mannesmann, Junkers usw. angetreten.

Funk.: Also waren wir doch tüchtiger?

Fut.: Ich hätte nicht dazugehören wollen, mir war der ehrbare Neubeginn aus dem Nichts die edlere Variante!

Funk.: Du warst also lieber ein armer Held der Arbeit, also auch logisch in der Folge, nun ein armer Hartz 4ler.

Fut.: In gewissem Sinne ist der Begriff - arm – hier nicht zugelassen, denn als Held der Arbeit war ich von Stolz erfüllt, und meine persönliche Ehre war nicht angetastet.

Funk.: Glaubst du, Hartz 4ler, an deinen sozialen Fortschritt?

Fut.: Nein – aber wenn ich die Zeichen der Zeit richtig deute, an deinen Ruin. Dann könnte mit hoher Wahrscheinlichkeit meine soziale Ehrbarkeit wieder ein Thema sein.

Funk.: Wirst du dann nochmal Held?

Fut.: Selbst aus dem Jenseits würde ich dafür meine Arme einer besseren Zeit entgegenstrecken.

Funk.: Hätte euer Starphilosoph Karl Marx euch nicht helfen können?

Fut.: Der hat mir immer geholfen, bis eure schicken Autos, eure Schokolade, eure Bananen und manches Sonstige, das Wort Berthold Brecht`s, das ich schon zitierte, zur gelebten Wirklichkeit werden ließ. So stieß man den Geachteten und Geliebten vom Sockel. Solches hat in eurer Geschichte Tradition.

Funk.: Was heißt, vom Sockel gestoßen?

Fut.: Marx war zur Schande erklärt, seine Entfernung war nichts anderes als die Eliminierung von unsympathischen Persönlichkeiten und Bewegungen meiner Geschichte.

Funk.: Und wie geht es nun weiter?

Fut.: Gestatte, dass ich mit Marx antworte: „ Alles entwickelt sich vom Niederen zum Höheren – alles befindet sich in ständiger Bewegung!" Soll heißen, der Erkenntnisvormarsch arbeitet gemeinsam mit der Evolution für mich!

Funk.: Also bist du, Hartz 4ler, das Morgen?

Fut.: Wird wohl so sein! Den Weg dafür bereiten die morallosen Milliardenmanipulatoren deiner Welt und ihre Götzen. So glaube ich sogar an sie als Zukunftsgestalter meiner Welt, denn mit dem, was sie tun, wissen sie nicht, was sie tun! Sie sind also in meinem Sinne meine Zukunftsgestalter!

Funk.: Willst du damit sagen, dein Staat kehrt irgendwann zurück?

Fut.: Ganz sicher nicht! Vielleicht ein ähnlicher, gereifter. Aber ganz sicher ist, es wird ein besserer sein für die jetzt dienende Masse.

Funk.: Woher nimmst du deine Überzeugung?

Fut.: Du wirst begriffen haben, so wünsche ich es mir, ich bin keiner, der in philosophischer Schizophrenie durch`s Leben tümpelt. Die Wissenschaften von Karl Marx, Friedrich Engels, wie der Vertreter der klassischen deutschen

Philosophie, wie Georg-Wilhelm-Friedrich Hegel, sind für mich verbindlich! Nicht zu vergessen der geniale Weltdenker Albert Einstein. Und gestatte mir noch einen kleinen gedanklichen Seitensprung. Wenn ich deine Welt, meine Zeit, bewerte, könnte die Prophezeiung des Michael de Notre-Dame, bezüglich des Unterganges unseres Planeten, auch anders gemeint sein. Es muss nicht, wie der französische Astrologe des 16. Jahrhunderts voraussagte, das Ende unseres Planeten bevorstehen, seine Deutung könnte auch die Selbstauflösung deines Systems in Erwägung ziehen.

Funk.: Karl Marx und Nostradamus, wie geht das zusammen?

Fut.: Der eine ist zum Träumen, seine Prophezeiung abzuwandeln auf euch und euer Ende, ist ein nettes Spiel mit dem 16. Jahrhundert. Der Starphilosoph, Karl Marx, wie du ihn richtig nanntest, ist mein Handwerkszeug, es beim nächsten Mal besser zu machen!

Epilog des Poeten

An einem Tag , als ich spürte meiner Seele
Verrecken, wollte ich mich vor meiner Zeit, vor dem
Schmerz verstecken.

Als dann der Abend kam, zog ich über meinen Kopf
eine Decke, bin nicht der, der zum Himmel ruft, um
seine Wunden zu lecken.

Mocht` ein wenig träumen, wie ich`s als Kind vor`m
Schlaf gerne tat, erinnerte mich, daß meine kleine
Welt mir immer gern geholfen hat.

Heut` war mein Verschwinden unter die Decke
anders gedacht, wollte die Heuchler seh`n, die mein
verneigendes Schaffen gelobt und verlacht.

Wollte auch denen begegnen, die mir lächelnd
Treue geschworen, noch eh` sie sich wendeten,
hatten jene die Erinn`rung verloren.

Mir erscheinen auch solche, die mir gewollt aus
dem Wege gingen, ich Narr hatte gehofft, daß sie an
meinem Geist, meinen Lippen hingen.

Versag` mir, all jene zu befragen, wieso ächtet ihr des Dichter`s , vom Herzen wollte er seiner Zeit, euren Seelen, seine Schöpfung reichen.

Hab` im Blick unter meiner Decke auch die Getreuen, reich` ihnen die Hand, in Seeligkeit sah ich ihr Antlitz, ihr Lachen, hab die Verneigung erkannt.

So zieht mein Schaffen, alles Verknüpfte, an meinem geistigen Auge vorbei, bin in tiefer Dankbarkeit allen Gedanken, meinem Talent zugeneigt.

Dem Land der Dichter und Denker wollt` ich bescheiden zugehören, mit der Ehrung allen Lebens, in Weisheit, mit Scherz meine Zeit betören.

Unter meiner Decke streichelt mich dann ein warmer Schein, rief mir erbauend zu: „Nach dir, wirst du vielleicht geliebt und verstanden sein."

Nun ergötz` dich, erbau` dich, stärk` dich an deinem Werk, begreif` die Zeit, in die du geboren, sowohl als Koloss, wie auch als Zwerg.

Ed`les ist versickert im Strom des Mammons, konnt` sich nicht humanisieren, lebtest trotzdem mit deiner Zeit, den Blumen, Pflanzen, Menschen und Tieren.

Nun zog ich die Decke vom Haupt, wollte noch ein wenig im Leben sein, wenn`s euch gefällt, legt mir später auf`s Grab vom Feld einen Stein, in ihn zeichnet, so bitt` ich, mir zur Freude diesen Epilog dann ein.

Geburtstagsgruß

365 Mal hat dich die Sonne geweckt.

365 Mal warst du glücklich, als du den geliebten Atem neben dir spürtest.

365 Mal war es ein Vogel, der dir seine Freundschaft anbot.

365 Mal warst du glücklich, wegen deines gelungenen Tagwerks.

365 Mal warst du getragen von dem Wunder - Ich lebe!

365 Mal waren Tag und Nacht die Zufluchtsorte für deine Seele.

365 Mal waren es die Nachkommen vergangener Tage und Nächte, die dir neues Lebensglück reichten.

365 Mal sollst du nun wieder den Tag und die Nacht lieben, als Danksagung für alles Glück, alle Gesundheit, die dir das neue Lebensjahr reicht!

Hartz – das Vergehen

Da hat einer für ein Vergehen seinen Namen
hergegeben, um einer Randgruppe da unten die
Würde zu nehmen.

Was mich dabei am meisten würgte, damit
beschmutzt er sogar den Namen eines deutschen
Gebirges, stellt für ein Desaster seinen Namen ein,
wie muss dem Harz nur zumute sein?

So sind Millionen unter eine Sozialhaube gebracht,
über dieses Schicksal hat wohl keiner von denen
gelacht.

Ihre Schande wird durch ein Center verwaltet,
einem Kühlschrank, in dem jede Würde erkaltet. Das
Einzige, was die Herzen der Betroffenen erwärmt,
ist das traurige Wissen, dass der Staat zwei Prozent
Millionären gehört.

Die Gnadenempfänger werden zum Center zitiert,
fragwürdig qualifiziert, nebenbei mit nutzloser Güte
der Hungerlohn quittiert.

So geht`s bis zur Rente, hin bis zum Sarg, die Betroffenen murmeln, ach, gäb`s doch noch einmal eine Jeanne d` Arc.

Sie wissen, es hat keinen Sinn, auf Gottes Gnade zu warten, der hat nicht die Zeit, für die Betroffenen ein Paradies zu starten!

Ich habe euch noch etwas zu sagen - ungewöhnlicher stiller Dialog

Da lieg` ich, vom Leben verlassen nun, umgeben von Bleichheit und krokodilen Tränen.

Gelobt wird heut meines Geistes, meiner Hände Tun, man bemüht sich, mein Versagen besser nicht zu erwähnen.

Erheitert darf ich die Versammlung betrachten, Zusammenfassung derer, die mit mir schritten durch`s Leben, jene, die mich ehrten, daneben die, die mich verlachten, das nennt man respektlos „Die letzte Ehre geben".

Seh` den Verkünder, der mit warmen Worten das kalte Herz berührt, hier aus der gemütlich kleinen „Kieferholzhütte", der bedeckt mich mit dem „Blauen vom Himmel" ungeniert, weh` euch, würde ich nach ihm mein nun kaltes Herz ausschütten.

Auf des Frieden`s Hof soll mir heute freies Atmen widerfahren, begreif` nicht, warum es zu spät geschieht. Musste mich bis hier als nutzlos schwebendes Teilchen bewahren, mich schüttelt ein

Kichern , heut` gibt sich die Gemeinde besonders bemüht.

Hör den Vertreter Gottes sagen, Hinauf zum Himmel soll`s nun geh`n, Ich mahne – soll dein Herr sich mit sowas, wie mit mir `rumplagen? Mag den Disput nicht – werden seh`n!

Betrachte so manchen, dem das Procedere zu lang andauert, begehrt schon den Weingeist, wie das Abschiedsmal, alle sind froh, dass an meiner Stelle nicht auf sie der Vollstrecker lauert, jeder von ihnen weiß, schlägt ihm die Stunde, ist er wie ich dritte Wahl.

Bin nun geläutert – werd` wohl trotzdem nicht im Himmel landen, war für diese Herrlichkeit nie auserkoren, hab` das Buch der Bücher und die Dreieinigkeit nie verstanden, jedoch in der Hölle, bei den vielen Bekannten, möcht` ich auch nicht schmoren.

Es reicht! Lasst nun hinab mich in die wohlige Kühle, diesen Weg darf ich ohne Vormund alleine geh`n!

Adieu – du ewige Lebenslüge, probier`, wie ich das Unten fühle.

Ein Glück – nur der Eine – Jesus, musste aufersteh`n.

Kleine Erdgeschichte

Zusammengefasst sind Schönheit, Glück, ewiges
Streben in Fauna, Flora, geschenktes Leben.

Der Wissende verneigt sich, hält inne, bleibt steh`n,
mag auch die Menge an dem Wunder vorübergeh`n.

 Ich will es tasten, ergründen, seinen Zyklus
versteh`n, möcht´ mich vertiefen, verstricken, in das
Wunder übergeh`n.

Es sind meine Ahnen, die über mir fliegen, hasten
mit Alltagslasten, bewund`re die Urväter, die
Millionen Jahre auf Urwiesen grasten.

Es ist der unendliche Strom des Lebens, der meine
Seele trägt, der Atem geliebter Erde, der meinen
Geist, meine Gefühle prägt.

Auch begegnet mir der Quell des Leides aus
Menschenversagen, Herz schreit, wann wir Werk
und die Kinder der Urahnen plagen.

Noch hüten die Sonne, der Mond, der Tag und die

Nacht uns als Herde, ob ich wohl im Kampf für das Leben der Sieger sein werde?

Im Geben und Nehmen gibt mir mein Tun für mein Streben die Stärke, reich mir die Hand, Mensch, ruft`s vom Himmel, aus den Meeren, der Erde.

Könnt` heut` Jesus dem Albert Schweitzer, dem Luther-King, dem Mandela die Hände reichen, wäre Humanismus in Demut gebettet – die Schlange müsste aus Menschenherz weichen.

Uns ist unendlicher Reichtum gegeben, zur Gestaltung allen menschlichen Lebens, kann es ein ed`leres Geschenk, mehr Verneigung für uns Menschen geben?

Lebensrückblick

Wie schnell ging`s, gestern war ich noch jung, hatte
wie du, in mir den treibenden, blähenden Schwung.

Die Zeit ritt mich durch unzählige Bodenwellen,
möcht´ dir gern aus meinem Gestern `nen Gruß
bestellen.

Du wendest dich ab, was schert dich mein Gestern,
die Lust deiner Zeit flirtet mit anderen Schwestern.

Belächelst meine gereifte, ältliche Kindlichkeit, lebst
unbekümmert mit deiner ungereiften
Eigentumszeit.

Wollt` dir die Launen meiner Straßen erklären, auch
die Stürme, die mich bis hierher verzehrten.

Da hüpften deine Schultern, gleich galoppierenden
Rossen, willst mir damit sagen, dein altes Leben ist
deine Chose!

So gab ich Ruh` - wieso sollte ich sichere Zukunft
erklären? Dein rasanter Ritt führt in die Wahrheit,

jeder ist am Ende seine eigene Mähre.
Oh, wie gut ist es darum, dass Jugend bewahrt ihren
Wahn, aus dem man an das Übermorgen nicht
denken kann.

Wäre es anders, hätte ewiges Alter jungen
Lebensweg besiegt, denn gäb`s nicht die Jugend,
wär der Greis nicht vergnügt.

So lebt Ära um Ära nach eigenen Gesetzen, die
Stationen meiner Wege warten auf dich, Jugend –
musst nicht hetzen!

Meine alte, junge Liebe

Meine alte Liebe ist eine ewig junge Liebe, mit der
ich beglückt durch die Zeiten fliege. Das Leben hatte
uns tragisch getrennt, kehr` zurück zur Geliebten,
als sie mich nicht mehr kennt.

Nun trägt das Glück mich durch meine Straßen, darf
noch einmal auf den Wiesen meines Kinderglücks
grasen. Tränen der Freude benetzen die Augen, Herz
ist benommen, bei meiner alten Geliebten bin ich
angekommen.

Berühre Wege und Mauern wie alte Freunde, knie`
nieder vor Häusern in denen einst ich wohnte.

Verneige mich vor den Türmen, die aus der Ferne
grüßen, lass` meine Kindheit durch meine Seele
fließen.

Nun ist das Herz mit alter – neuer Liebe erfüllt, die
Sehnsucht zur Heimatstadt auf ewig gestillt.

Verneig` mich vor euch, deren Eltern und
Großeltern ich kannte, sag` vom Herzen gern in
dieser Stunde mein Danke.

Neuzeitsklaven

Heut` ist mir ein Nachfahre des großen Spartakus
über den Weg gelaufen, einer von denen, die als
Schwarm auftreten, in ihrer Not ersaufen.

Unsere Zeit, die Moderne, hält sie sich, wie der
Bauer sein Tier, ihr Identitätsmerkmal; Leiharbeiter,
Ein - Euro-ler, Kunde in Hartz − 4.

Der Urahn ruft denen zu − wehrt euch! Mit Schwert,
Dreizack oder Lanze, um nicht zu sterben, kämpft
mutig und klug, seid führend bei diesem Tanze.

Die Gemeinden schauen drauf den Vorkämpfer
mitleidsvoll an, entgegnen, uns`re Waffen sind das
Flehen um Gnade beim starken Mann.

Uns wären Dreizack, Schwert, wie die Lanze nicht
von Nutzen, die Mächtigen unserer Zeit haben uns
jeder Waffe beraubt, so müssen wir deren Stiefel
putzen.

Dir, Spartakus, war beschieden, dich ehrbar in der
Arena zu wehren, wir Sklaven der Neuzeit sind

entehrt, vermögen so nicht aufzubegehren.

Doch, wenn wir alles Leben zusammenfassen,
leuchtet aus der Ferne der Mut, auch das Wissen,
dass in der Zukunft uns`re Kraft für das Neue ruht.

So wie der Urahn den Glauben an die Erlösung
weckt, hat uns schon das Futurum – exaktum die
Hand entgegen gestreckt.

An`s Mühlrad der Geschichte geheftet sind solche
Ordnungen im Mühlgraben verschwunden, Macht,
die nicht vom Humanismus getragen, war nie vom
Segen des Himmels bedacht, auch nicht mit der
Erde verbunden.

Für eine neue Geschichte werden neue Schöpfer
neuen Anfang wagen, es kommt Zeit, da werden die
Sklaven von heute neue Würde ins Leben tragen.

Selbstbetrachtung

Ein Fels – ein großer imposanter Stein! Soll für den
Schwachen Halt – auch für die Macht symbolisch
sein.

Als kleiner Fels geben sich Sandkorn und der
Kieselstein, so sind sie auch bedeutungslos, sind
eben nur recht zart und fein.

Erhaben ist allein das hochgewachs`ne Monument,
von dem der Starke, wie der Wissende den Standort
kennt.

Gelegentlich ist auch ein Mensch als Fels benannt,
der Typ, der wohl als standhaft und auch
zielbewusst bekannt, sich täglich neu mutiert, hin
zum gestaltenden Genie, mit leichter Hand den
kleinen Sand bewegt durch seine Alltagsgalaxie.

Nun such` ich meine Relation zu einem solchen
Felsenstein, erkenne, mit meiner Dimension geh`
ich wohl nicht in die Geschichte ein.

Es ist ein andrer Geist, der meine Sinne, meine

Seele prägt, mich hinlenkt zu den Welten, in denen
Kieselstein den Kieselstein gern trägt.

Als kleines Monument im Kreislauf ed'len Lebens
geb' ich Kraft, mich trägt das Denken, das im
Verlaufe der Gezeiten mein Ebenbild, wie auch mich
recht glücklich macht.

Und so bewahr' ich mich, lass mich von
Felsgestalten nicht erdrücken, mit ed'len Seelen,
edlem Geist, mag ich gestalten, meine Zeit
beglücken.

Wähl' den Weg, auf dem ich freien Willen, freies
Ziel zu gutem Ende bringe, nehm' aus der
Vielgestalt aller Geschichte gelebten Humanismus –
ihm will ich gern mein Loblied singen.

Vaterlandsepos

Bin meines Herzens, meiner Seele Drängen
nachgegangen, ein Wort bewegt mich, seit langem
macht es mich befangen.

Mysterienumwoben ist es, das ewig tief verklärte
„Vaterland", seit ewig buhlt es um verwirrten Geist,
um des Vasallen Hand.

Was oder wer ist so ein tief in Nebel eingehülltes
Vaterland? Wollt` meinen Vater fragen, den hatte
ich nur kurz gekannt, durch einen Krieg geschah es,
dass er in Vaterlandes Erde Ruhe fand.

Ist es ein Vaterland, in dem der Lehnsherr seines
Diener`s Frau bemannt? Schwer ist es zu sortieren,
was ist nun so ein Vaterland?

Konnt` nicht den Freund des Vater`s fragen, nach
Gas und Ofen ward er Sand. Ist der Erlauchte, in
Gold und Glück gebettete so mein Gewährsmann?

Er wär mein Gegenpol, den ich zuletzt noch fragen
kann, doch dessen Denken und Moral rankt sich so
sehr nicht um **mein** Vaterland.

Sein Dasein ist bestimmt, von wem kauft er
Gewissen und die willig` Hand.

Dann wär da noch der Philosoph, aus meinen
vaterländisch – wirren Tagen, vergebens, jener
befasst sich wohl mit allem, nicht mit solchen
Fragen.

So kam mir die Idee, bei den Genies der
Vorgeschichte nachzulesen, welch Glück – ich stieß
auf edle Denker, humanes, kluges Wesen.

Von der Antike bis hin zum „Kapital" konnt` ich von
Menschlichkeit nun lesen. Stieß auf Edelmut, wo ein
Gott, wie die Natur, die gleichen Chancen haben.
Hier fand ich die, die zum Inhalt eines Vaterlandes
mir eine Antwort gaben.

Erklärten, warum der Bruder and`ren Geistes vom
„Vaterland" als vaterlandsloser Geselle benannt.
Gaben Antwort, weshalb reichte das „Vaterland"
dem Vater, der Mutter in der Not nicht die Hand?

Kam zu dem Schluss – ein „Vaterland" kann nicht
Vater sein, lässt er die Kinder an seinen Füßen
wohnen, wo darüber im Haus des Goldes Macht
und die vermeintlichen Macher des Glücks, die
Selbstgeweihten thronen.
So verkommt „Vaterland" zur Suggestion, ein Unten

hat dem Oben zu dienen.

Wär`s der Hort meiner Behütung, wie es so nicht sein kann, wollt` ich es gern und tief vom Herzen lieben!

Bin hier geboren, liebe die Mutter, den Vater, das Brot spendende Land, reiche dem Freund, allen Sprachen, humanem Geist meine Hand.

Möchte lieben das Land, das mich nährt, das mich trägt, so es den Willen für freien Geist, zur Nächstenliebe hegt.

Möcht` mich verzehren für ein Vaterland, das den Irrtum toleriert, sich mit dem Andersdenkenden, ohne Vorbehalt freudig liiert.

Ein Land, ist einzig Vaterland, behütet`s Leben wie der Sonnenschein, soll dem Individuum in Geist und Seele ein Refugium sein.

Denn, was nützt dem Land, dem Greis, Vater, Mutter und Kind, wenn Obrigkeit, Mammon, Mäzene, eine Gottheit, das Vaterland sind.

Ist Vaterland das Symbol einer humanisierten Welt, bleibt die Erde für uns Menschen das einzige Vaterland, das uns liebevoll erhält!

Vom Wert des Schweigens

SCHWEIGEN – ist Größe zeigen, auch, sich vor dem Wort des Anderen verneigen.

SCHWEIGEN – ist Zeit, den Verstand zu befragen, was sollte ich meinem Forum zu seinem Nutzen sagen.

SCHWEIGEN – Balsam, wann Verletzung und Leid die Seele plagen, dann versammelt die Stille das Gute, die Stärke aus guten Tagen.

SCHWEIGEN – trägt in sich für Gestaltung die Chance, auf den Flügeln tausender Gedanken ist zu finden neue Lebensbalance.

SCHWEIGEN – Zeit, dem Sinnbestimmenden Raum zu geben, so gestaltet Schweigen Fundamente für bessere Zeiten, neues Streben.

SCHWEIGEN – auch Wegbereiter dem verbindlichen Wort, ist Genese, hebt Zweifel ins Nichts, bestimmt für neuen Willen den besten Ort.

SCHWEIGEN – Ort der Auferstehung neuer Zeiten, in denen Samen der Hoffnung zu erquickender Frucht gedeihen.

SCHWEIGEN – ist ein Sieb, durch das alles Unnütze fällt, auf ihm versammelt sich alles, das den Fortschritt, das Gute zusammenhält.

SCHWEIGEN – ist Selektion, prägt das Wort zum Monument, das den Willen, das Tun, zur Menschlichkeit hinlenkt.

SCHWEIGEN – Zeit vor der Aktion, als Bote der Freiheit, ist Motor der Evolution, die dem Geist des Fortschritts geweiht.

SCHWEIGEN – ist es gebrochen, ist das Wort der Regent, eröffnet eine neue Ära, wo man die Dinge beim Namen nennt.

SCHWEIGEN – die Terrasse vor dem Haus des Willens, hohe Zeit, in der sich Träume und Wünsche erfüllen.

SCHWEIGEN – ist ein Leib, der mit dem Fortschritt schwanger geht, beendet Zeit, wo der Mensch den Menschen in`s Abseits stellt.

SCHWEIGEN – ist das Gold, das die Ornamente des

Lebens gebiert, ein Geburtsbett des Geistes, der Zweifel wie Resignation entwirrt.

SCHWEIGEN – Zeitraum für den Denker, den Schöpfer, um Kraft zugeben, so ist SCHWEIGEN mehr, als nichts sagen, Wiege für erfülltes, humanes Leben!

„Wahlaufruf"

Ratabum, ratabum, das Wahlross geht um.
Mäh, Volk ist dumm, mäh, Volk ist dumm,
drum folgt es ganz stumm.

Schmettereteng, schmettereteng, weh` dem, der
dabei Böses denkt. Hört den Ruf der Gaukler und
der Frommen, so schlimm, wie`s aussieht, wird`s
nicht kommen.

Fidelitas, fidelitas, gefangen ist das Volk im
Zauberglas. Hoch leb` das Brechen und das Biegen,
schwarz soll auch diesmal wieder siegen.

Wird`s hellrot, geht die Welt nicht unter, die
wursteln auch gut, froh und munter. Aus dem
Wahlfang steigt schon schwarzer Ruß, deckt zu mit
wohlgarniertem Wahlfangschmuß.

Ratabum, ratabum, Mitesser, Gaukler, Hasardeure
treibt`s um, ein Hoch dem Reichtum, der Zögling
bleibt dumm.

Vitibum, vitibum, das kehrt sich nicht um, mancher

fragt, warum, warum, warum? Wer`s beim Namen nennt, ist Kommunist, die kriegt der Teufel, der gern rote Socken frißt.

Mäh, bück` mich krumm, auf dem Kopf das Horn, gesättigt` Schaf lebt stumm.

Fidelitas, fidelitas, ein Volk schlürft aus das sau`re Nass, aus dem vereinten Schmuseglas.

Zauberbällchen, Zauberbällchen, dem Michel zieht man über`n Kopf das Fellchen, die Hautevolee verstaut das Geld im Säckchen.

Chickenburger, Chickenburger, Ossies in Trance sind einzubürgern, ihr Amt ist, die Folgekröten runterwürgen!

Volk – zieh den Zwirn zum Wählen an, stell dich nun brav zum Wahlgang an, erfülle deine Wählerpflicht, bewahr` das Land – es nagt der Aussatz, es plagt die Gicht.

Liedtexte aus Liededition René Carsten

Alles auf Anfang

Genüg dir nicht mehr, bin dir rundum zu fade.
Ich gestatte mir Stolz, begreife deine Liebe als
Gnade.
Haben Liebe probiert, nächtelang durchdiskutiert.
Es besser ist zu leiden, als aneinander
vorbeizureden.

Refrain:
Alles auf Anfang, der Film wird neu gedreht.
Es gibt immer ein zweites Mal, das uns besser
versteht.
Ein neues Drehbuch, ein neuer Versuch.
Für den Flug, der Vertrauen heißt, habe ich die Linie
Hoffnung gebucht.

Solltest du nochmal `nen Entschluss für uns fassen,
brauchst nicht zu klingeln, hab` die Tür ´nen Spalt
offen gelassen.
Warte noch mit dem Nächsten, hast g`rad mit mir
Pech gehabt. Habe heute Nacht geträumt,
`ne neue Chance wird uns eingeräumt.

Es bleibt immer nur ein Blindflug

Du kannst Liebe hundert Mal buchen, es bleibt
immer ein Blindflug. Nur einmal findest du den
Piloten, der deine Hoffnung in sich trug.

Es gibt immer nur einen Steuermann, der dich durch
alle Unwetter führt, an den du dich getrost
anlehnen kannst, der mit Herz durch Klippen des
Alltags führt.

Du kannst hundert Mal buchen, es bleibt immer ein
Blindflug, du musst kein Orakel suchen, davon
findest du mehr als genug.

Es gibt immer nur einen Steuermann, der durch die
dunkelsten Täler führt, an den sich der Andere
anlehnen kann, der als Freund zu dir gehört.

Du musst nicht neunundneunzig Mal weinen, bevor
dich das Glück begrüßt, leb` deinen Anspruch für
einen, dem deine Liebe gehört.

Du kannst hundert Mal buchen, neunundneunzig
Mal bleibt es ein Blindflug. Nur einmal findest du
deinen Piloten, der deine Hoffnung in sich trug.

Fang keinen Schmetterling

Ich lief ihm hinterher, seine Schönheit war Magie.
Nachts träumte ich von ihm, am Morgen gab es ihn nicht mehr.
Diesen Film wollte ich noch einmal träumen, ein nächstes Rendevous nicht versäumen.

Refrain:
Am nächsten Tag schwebtest du in mein Leben, der Traumschmetterling bist du gewesen.
Du warst die Episode, meine Nachtanekdote. Ich weiß nun, die Sehnsucht hat `ne Schwester, den Traum einer Nacht, ein Bettgeflüster.

Fang keinen Schmetterling, du könntest ihn verletzen.
Warte auf den nächsten Tag, er könnt` sich zu dir setzen.
Fang nicht den erstbesten Schmetterling, warte auch nicht auf den farblosen letzten…

Heute Nacht haben wir für uns den Himmel nachgebaut

Du fielst mir nicht auf in der Schule, warst eine von vielen, halb erwachsen, halb Kind.
Konnte die nicht verstehen, die für dich schwärmten, war einer, der sich nur in Träumen verliebt.
Ich hatte nicht mal `nen Gedanken an dich, für frühreife Träumer ist die Liebe ein Wicht.
Nun hat ein Gestern um die Ecke geschaut, die Zeit hat dich zu einer Schönheit zusammengebaut.

Refrain:

Heute Nacht haben wir für uns den Himmel nachgebaut.
Dem Sternenmacher die Idee für den hellsten Stern geklaut.
Heimlich über den Horizont geschaut, überlegt, wie man in uns`rem Nest die Sonne verstaut.

Ich fiel dir nicht auf in der Schule, war eine von vielen, halb erwachsen, halb Kind.

Konnte die nicht verstehen, die für mich
schwärmten, war eine, die sich nur in Träumen
verliebt.

Ich hatte nicht mal `nen Gedanken für mich, für
frühreife Träumer ist die Liebe ein Wicht.
Nun hat mein Gestern um die Ecke geschaut, die
Zeit hat mir bescheid `ne Schönheit anvertraut.

Nach dem Sinn des Lebens suchen

Da sah ich eine auf der Straße, sie war etwa in den zwanziger Jahren.
Ihr war ihre Zeit über den Mund gefahren.
Neben ihr ein Alter, den man Penner nennt.
An seiner Schulter haben einige ihre Jugend verpennt.
Das sind die, die mitfühlen, wenn einer ein Almosen annimmt.

Refrain:
Wir haben uns heut` die Zeit genommen, zu sehen, wie wir im Leben ankommen.
Ein Stück von dem großen Kuchen suchen, für kleines Glück eine Route buchen.
Dabei sind wir oft auf die Nase gefallen, es bleibt uns nur, uns`re Sehnsucht zu malen.
Möchten Bürger für ehrbares Leben sein, Sammler für kleinen Sonnenschein.
Wir gehen die Straße der vom Reichtum Verlass`nen, sind die Aussortierten, die Zurückgelassenen.

Ich traf sie wieder vor einem Center, ist für sie so

`ne Art Geschickelenker.
Dort war befristet ein Job zu bekommen, damit wird
ihnen die letzte Würde genommen.
Den Erschöpften riet man, sich zu qualifizieren, auch
danach werden sie nicht zum Glück gehören.

Refrain:

Als ich später nachdenklich zum Wald hinging,
begegnete ich einem Pfauenauge, einem
Schmetterling.
Der kleine Prachtkerl flüsterte mir in`s Ohr, ich
öffne für euch das andere Seelentor.
Der Reichtum, der das dunkelste Leben erhellt, der
zwar nicht ersetzt das Brot für die Welt.
Unser Ursprung spendet uns aber die Kraft, wir
haben uns nicht umsonst auf den Weg gemacht.

Vergessen, dass zur Liebe denken gehört

Du hast vergessen, dass zur Liebe denken gehört.
Du hast vergessen, dass die Liebe durch Leichtsinn
ihr Antlitz verliert.

Es gereicht nicht zur Ehre, willst du der Gaukler sein,
Liebe ist, hast du die Würde mit Gefühl vereint.
Wenn du eines Morgens aufwachst, aus dem
Tiefschlaf der Nacht, dich Zweifel anrempeln, die
den Träumer taumelnd aus dem Tritt gebracht, dich
Bilder deines Leichtsinns verfolgen, das Antlitz der
Liebe dich anschaut, wie aus dunklen Wolken.

Dann mach dich auf den Weg, hole dich in das
Anliegen der Liebe zurück, zeig` Größe, reiche dein
Herz dem verletzten Glück.

Such` zu erfahren, wie der Andere denkt, verneig`
dich vor der Ehre, dass er dein Herz dir schenkt.
Wenn dann in dir so etwas wie Sehnsucht brennt,
du begriffen hast, dass ein Mensch sich vom Herzen
zu dir bekennt, dann lass es zu, dass Verantwortung
deine Sinne lenkt, verdienst die Verneigung, hast
der Liebe eine Chance geschenkt.

Wenn eine Träne rollt

Wenn eine Träne rollt, halte sie fest.
Schick` sie zurück gewollt, in`s Tränennest.
Es tut meinem Herzen weh, wenn ich Liebe in
Tränen seh, fühle ich Schuld, fühl` mich gehetzt,
habe dich, die Güte verletzt.

Refrain:

Es gibt Tage, da bin ich nicht ich.
Es gibt Stunden, da trag` ich ein zweites Gesicht.
Liebe wird zum glanzlosen Nichts.
Dann suche ich wärmendes, streichelndes Licht.
Will uns begreifen, mit deiner Liebe reifen.
In Alltagsstraßen nach Sternen greifen.

Du bist zum Lachen schön, zum Weinen schön.
Will mit dir Glück versteh`n, in`s Leben geh`n.
Möcht` in alle Winde verweh`n, wenn ich Liebe in
Tränen seh`.
Fühle dann Schuld, fühl`mich gehetzt, habe dich, die
Güte verletzt.

Wenn ihr über euch nachdenken müsst

Wenn ihr über euch nachdenken müsst, euch
selten, nur noch gelegentlich küsst.
Eure Augen neu auf der Suche sind, keiner dem
Andern etwas abgewinnt.

Refrain:
Entscheidet nicht überstürzt, nicht gestresst.
Hört nicht auf jeden unklugen Rat, solang ihr euch
etwas zu sagen habt.
Es zählt, ihr habt euch bis hierher geliebt, es gibt
neuen Baustoff, sind die Reste gesiebt.
Der Irrtum geht mit dem neuen Reiz, bereit für eine
nächste schwierige Zeit.

Tausendmal wurde später gesagt, hab` damals im
Leben Glück gehabt.
Neues bringt einen neuen Rucksack mit, mit viel
Unrat und kleinem Glück.
***
Nur einmal triffst du dein Ideal, das Suchen danach
wird oft zur Qual.
Manche haben ein Leben lang gesucht, hätten noch
mal das Damals gebucht.

Aphorismen

Ich will mich aus Überzeugung, vom Herzen gern vor dem Geist, vor der Seele eines jeden Menschen verneigen!
Aber auch immer darauf achten, dass, während ich mich verbeuge, meinem Geist, meiner Seele nicht Schaden zugefügt wird!
Denn der niedere Geist wertet deine Verbeugung als Schwäche!
Dem edlen Geist aber, bahnst du damit den Weg zu Treue und Freundschaft!

***

Wir Menschen begeben uns vom ersten „Bahnhof" des Lebens, dem Leib unserer Mütter, auf eine höchst ungewisse Reise.
Gehören wir zu denen, die auserwählt sind, einen der längsten dieser Reisewege zurücklegen zu dürfen, ist dies eine besondere Gnade der Schöpfung.

***

Diejenigen, die täglich von morgens bis abends marktschreien, sie wären die Bewahrer von Demokratie und Freiheit, widersprechen sich selbst durch ihre realen Handlungen, können sich so um die Behütung der Würde ihrer Untertanen nicht kümmern.

***

Mögen die vermeintlichen Sieger der Geschichte
würdelos mit den besiegten Obrigkeiten umgehen -
sie werden die Erfahrung machen müssen, Geist
und Herz der besiegten ehrbaren Individuen des
Volkes gehören nicht zu ihrem Beutegut!

***

Jeder Mensch träumt in seinem Leben wohl nur
einen schönsten Traum!
Er kann so schön sein, dass man ein Leben lang
hofft,
ihn noch einmal zu träumen.

***

Wir Menschen werden willkürlich in eine
Gesellschaft hineingeboren. Sie ist meist die zweite
Mutter, die uns nährt und gestaltet. So ist es
inhuman, wenn eine ablösende Staatsform ihren
Hass gegen das besiegte Gemeinwesen, auch auf
die übernommenen Individuen lenkt!

***

Den Willen zu besitzen, die Erscheinungen des Alltags mit Neugier zu sehen, ist eine Verneigung vor der Evolution. Ist dies zur Erkenntnis gediehen, folge dem Drang, zum Gestalter zu werden!

***

Die Menschheitsgeschichte hat gezeigt, dass alle politischen Machthaber, auch wenn sie sich als Eigner von Demokratie, Menschenwürde und Freiheit verstehen, dringend ein Ethikparlament an die Seite ihrer Staatslenkungsorgane stellen sollten, damit die angeeigneten Werte im realen gesellschaftlichen Alltag nicht zur Farce werden!

***

Der edelste Anlass, mich vor einem Menschen zu verneigen, ist die Wahrnehmung, uns eint die Bewahrung gemeinsamer Geschichte.

***

Der Mensch ist eine ewig unergründbare
Schöpfung:
Begegnet man der Dummheit, ist nichts
überschaubar.
Begegnet man der Klugheit, ist nichts
ausgeschlossen.
Will man den Weg sicherer Orientierung gehen,
suche man die Begegnung mit den Wundern der
Natur, ihre Faszination und Wegweisung ist wohl der
sicherste Ausblick auf das Morgen!

***

In uns Menschen blüht ein ewiger Garten der Liebe.
Ernten wir daraus Blüten, um uns damit vor
anderen Wesen, die uns umgeben, zu verneigen.
Aus der Erwiderung, die uns die Schöpfung zu
Füßen legt, ernten wir den Willen und die Kraft für
humanistisches Handeln!

***

Gib der Dummheit Macht – und du liebst deine
Heimat nicht mehr.

***

Steht dir ein Mensch gegenüber, dessen freundliches Gesicht dich faszinierend einnimmt, frage dich, warum er die Arme auf seinem Rücken hält, die andere Seite des Lächelns könnte sich dort in seinen Händen befinden!

***

Man begegnet vielen Wesen, die, nach ihrem Äußeren beurteilt, zur Gattung Mensch gehören könnten. Nach Wahrnehmung ihrer geistig – seelischen Potenz sind sie selbst in einem Mangrovenwald nicht nützlich unterzubringen.

***

Jetzt weiß ich, mit welch morallosen Harlekins ich in einer Partei war.
Da gibt es wohl keinen Trost, denn der ehrbare Marx ist noch mehr betrogen als ich!

***

Die Gesellschaft der Wertmarken gleicht einem vielteiligen Pferdegespann, das dressiert ist, als Plattitüde die Begriffe Freiheit und Menschenwürde aus den Nüstern zu pusten. Der feuchte Dampf, der zutage tritt, ist ein Volksnebel, aus dem das Individuum erst nach Schmerzwahrnehmung erwacht.

***

Denen, die über mich verfügen, ins Poesiealbum geschrieben: Was ihr tut, macht wenig glücklich – was ihr nicht tut, ist diskriminierend!

***

Es wäre nicht nur ignorant, sondern auch töricht, zu leugnen, dass wir Menschen Geschichte gestalten. Ebenso ignorant und töricht ist die Verneinung, wonach Geschichte mit seinen Gestaltern nicht selten ungerecht und willkürlich umgeht.

***

Man muss nicht klagen, dass die „gerechte"
Gesellschaft ungerecht mit bestimmten Bürgern
umgeht, denn die Gerechtigkeit hat sich nur die
Freiheit genommen, einen Umweg zu machen, oder
hat sich verlaufen.

***

Als ich nach einem Schicksalsschlag Bilanz zog,
eröffnete ich ein Buch des Lebens. Auf der ersten
Seite vermerkte ich die, die man treue Freunde
nennt. Auf der zweiten Seite hielt ich die fest, die
mir als Heuchler und Verräter begegneten. Die
Bilanz läuterte mich.
Auf der ersten Seite verblieb mir nach der
Eintragung viel weiße Fläche.
Auf der zweiten Seite füllte meine Niederschrift den
Raum!

***

Jene, die die Bösartigkeit in ihrem Inneren
deponieren, sind eine reale Gefahr für uns. Denn
auf diejenigen, die Bösartigkeit artikulieren,
können wir uns einstellen.

***

Vereinen sich Dummheit und Gewissenlosigkeit zur
Macht:
Ist der Ehre der Atem genommen.
Ist der Wahrheit die Sonne zum Gedeihen verwehrt.
Ist der Menschlichkeit die Wärme zur Nächstenliebe
entzogen. Es ertrinkt die Würde des Individuums in
Verzweiflung.

***

Derjenige, der von Obrigkeiten für die Vollendung
persönlicher Ideale Begleitung erwartet, befindet
sich auf einem Irrweg. Seiner sozialen Einordnung
nach, kann ein Mensch sich nur in der Freiheit der
Selbstbestimmung verwirklichen.

***

Es ist eine edle Lebenseinstellung, sich täglich
geistig und seelisch zu kräftigen. Liegt dem noch das
Ziel zugrunde, sich Energie zur Stärkung des
schwachen Mitmenschen anzueignen, ist es Größe
leben.

***

Einem Menschen bei der Bewältigung von Lebensproblemen mit Ratgebungen zur Seite zu stehen, ist höchst lobenswert!
In solch einem Prozess sollte der Helfende jedoch immer bedenken, das Gegenüber hat seine eigene Geschichte.

***

Sich auf Ausflüchten und leichten Lebensformeln betten, ist die Lebensvariante des schwächelnden Traumtänzers.
Begegnet eines Tages solchen Menschen das Leben, sind sie an einem Scheideweg angekommen.
Sie können sanft untergehen – oder stark vorwärts gehen.

***

Bei den meisten Menschen vermag man die Strukturen des Charakters zu bestimmen.
Bei dem Rest fehlt für eine solche Analyse die nötige Substanz – der Charakter.
Menschen, die dem Tag nicht ins Auge sehen wollen, sind in Verwandtschaft zu den Nachtmotten.
Sie werden auch deren Schicksal teilen müssen, denn zieht es sie mal an eine Lichtquelle, verbrennen sie, drum suche die Lebenswahrheiten im Licht des Tages.

***

Ich bin ein Mensch! Diese verbale Feststellung ist erlaubt. Die Ausweise dafür sind aber ausschließlich aus der Analyse der Geisteshaltung und der Lebensleistung zum Wohl der Gemeinschaft zu erfahren.

***

Es gibt viele Gründe, sich vor einem Menschen zu verneigen, aber nur einen einzigen Grund, ihn auf ewig in seinem Herzen zu tragen, nämlich dann, wenn er in deinem Herzen der Gärtner der Treue, der Liebe und der Güte ist.

***

Du hast heute Geburtstag, deshalb ehre ich dich an diesem Tage.
Nehme ich alle übrigen Tage des Jahres in Wertung, bist du die tragende Säule all meiner Stunden.
Nimm diesen Tag also als meine Bilanz für unsere Gemeinsamkeit zu allen Zeiten.

***

Die dämonische Zeitformel „Freiheit" ist Opium für diejenigen, die nicht dem Moraldenken verpflichtet sind.
„Freiheit", ein Gott der Neuzeit, wird zur Gefahr für die Gesellschaft, wenn damit Machtfreiheit und Anarchie gemeint sind.

***

Winken dir die Zweige deiner Bäume zu, erfährst du die aufrichtigste Verehrung.
Gib für diesen Reichtum der Natur, aus der du in`s Leben kamst, dein Versprechen, sie mit deiner Energie zu behüten.

***

Zwischen dem Selbstverständnis eines Menschen und dem Realzustand des Seins liegen oft Welten. Erst wenn die Realitäten der Welten begriffen sind, kann ein Mensch durch bewusste Selbstbestimmung seiner Zeit eigenes Format geben.

***

Das Wort, kann Mittel zur Verständigung sein!
Das Wort, kann aber auch Mittel zum Zweck sein!
Für Verständigung können aber auch die Worte fehlen! Für Verständigung durch Worte kann aber auch der Charakter fehlen!

Kleiner Nachtisch

Liebesgedichte

Denkangebot an ernsthaft Liebende

Der Anlass zu lieben, schon vielfach umschrieben.
Wollte messen das unreife, neue Gefühl, auch
wissen, ob ich den Fortgang, die Liebe will.
Ist es des Antlitzes verführender Schein? Auch der
Reiz ed`ler Formen könnte es sein. War es das
Erleben aus sinnlicher Verquickung? Oder die
Stunde gemeinsamer Gedankenverstrickung?

Das sich Geben als ein and`rer in Not? Könnt` auch
sein ein sympathisches Verhaltensangebot, wie die
Liebe zu den Dingen, die ein Tag uns schenkt, auch
der Verstand, der zum Gestalten des Lebens
hinlenkt.
All das suchte ich in jenem Wesen, das mir die
Laune eines beliebigen Tages gegeben. In einer
Nacht tat ich`s zusammenfassen, am Morgen drauf,
war ich allein zurückgelassen. Hatte vergebens
gesucht mein Monument, erlebte jenes, das
gewogen man als zu leicht benennt.

So, wie der Wind die Wolke auflöst!
So, wie das Feuer die Asche nur lässt!
So war die Liebe zur Episode verdammt, die Seele
des Wesens als arm und perforiert erkannt.

Liebeserklärung

Will durch die Welten der Liebe fliegen, möchte`
ohne Maß alles Ed`le des Lebens lieben. Lebe gern
in den Tag als Polygamist, der von vielen Tellern der
Liebe ißt.

Wäre nur ein einziges Wesen mein Liebesglück, wies
ich alle faszinierenden Gaben der Erde zurück.

Bin gelebt süchtig, mit unendlicher Sehnsucht
beschieden, seh` mich hin zu allem Beglückenden,
Schönen getrieben.

So zum Blau des Himmels, der Wolken Flug, auch
zum Regen, dem Sand, der schon meine Ahnen trug.

Ich liebe die Unendlichkeit, die die Fauna in den
Händen hält, auch die beglückende Farbenpracht
der Florawelt.

Verzag` nicht, geliebtes Wesen an meiner Seite, du
bist mein gestern, mein morgen, lieb` dich im heute.
Doch ich bitt` dich um die Freiheit, das Erdenglück
zu begehren, denn diese Liebe wird unser beider
Reichtum vermehren.

Heitere Gedichte

Abschlusslaudatio eines Gymnasialdirektors

„Bin beglückt, meine Damen und Herren, darf wohl sagen, liebe Freunde, irgendwie doch an`s Herz gewachsen. Aber zur Sache – bin also beglückt, wir haben einen Einser-Durchgang, mit winzigen Schwankungen – ein Glücksfall für Deutschland!

Sozusagen ein neues Rückgrat für Wirtschaft und Wissenschaft – bin stolz! Ich glaube, der kleine Ausrutscher, dass 27 von 30 Schülerinnen und Schülern im Fach Ethik und Morallehre wie Deutsch eine unschöne 5 in ihren Abschlusszeugnissen haben, darf übersehen werden.

Denn – schon zu meiner Zeit leisteten wir uns in diesen Hauptnebenfächern kleine Ausrutscher, wenn auch anders dimensioniert. Sie sehen, Damen und Herren, Deutschland ist trotzdem stark und stolz geblieben. Alles Gute für sie!"

Ethikunterricht

Ein christdemokratischer Abgeordneter ist von einer Schule eingeladen, um eine Ethikunterrichtsstunde zu geben. In demütiger Tonlage redet er von Würde, Moral, Nächstenliebe und Demut, wie es ihm sein Parteienname aufgetragen hat. Er redet – und redet – in der Klasse wird es von Minute zu Minute immer stiller, man hat den Eindruck, die Zuhörer hätten das Atmen eingestellt. Plötzlich bricht der Lehrgast sein pastorales Gesäusel ab und fragt: „Ist die Beeindruckung meiner Rede für euch faszinierend? Es ist ungewöhnlich still."

Da erhebt sich ein Schüler und erwidert: „Herr Abgeordneter, wir Schüler wünschen ihnen, dass ihnen die Rückkehr aus ihrem Fantasialand schadlos gelingen möge. Sollten sie auf ihrem Weg des Begreifens der Wirklichkeit einem Augenarzt begegnen, lassen sie den Pupillenaustausch bedenkenlos zu, denn klare Sicht fördert die Denkfähigkeit. Ihren Berufskollegen sollten sie die Möglichkeit von Gruppentherapien vermitteln, sie werden zur Behebung individueller und kollektiver Realitätsverluste in einschlägigen Kliniken angeboten."

Der Kratzebaum – Die Festtagskiefer

Ein Mann verkündet seiner Frau, er gehe in den Wald, um einen Weihnachtsbaum zu schlagen. Mit geschulterter Axt schritt er hin zum Objekt seiner Begierde. Als er eben die Axt anlegen wollte, grunzte es hinter ihm. „He, Mann, spricht der Keiler, das ist seit mehr als 20 Jahren meine Kratzekiefer, die bleibt stehen!" Der euphorische Axtschwinger hält inne. Er entgegnet: „Verehrter Herr Keiler, diese Kiefer ist mir genauso wichtig wie dir, darum gib sie mir!" Die Beiden einigten sich – Der Mann darf den Nadelbaum fällen. Der Keiler hakt nach: „Warum ist gerade diese Kiefer die einzige, die du aus diesem riesigen Wald begehrst?" Mit Schalk und Glanz in den Augen lädt der Sieger aus diesem Sprachduell den Keiler und seine Gefolgschaft ein, am Weihnachtsvorabend vor sein Haus zu kommen, dann würde der Wildschweinpascha seine Begierde verstehen.

So geschah es dann auch am Heiligabend, der Keiler rückte mit 25 Gespielinnen vor das Haus, die Wildschweine trauten ihren Augen nicht. Vor der Haustür des Euphorikers war die ominöse Kiefer wieder neu in die Erde eingelassen. Dahinter schwenkte völlig aufgelöst eine Frau ihre Arme durch die Abendluft, rief beschwörend, ihr Mann möge ihr doch diese Schande nicht antun, solle doch an die Kinder denken, die Hände zum Himmel gereckt versprach sie, sich in der Zukunft auch mehr Mühe zu geben. Die Schweineabordnung und alle Passanten verstanden die Welt nicht mehr. Denn nun geschah etwas, was allen den Atem stillstehen ließ.

Aus der Haustür stürmte völlig entblößt der Kieferbesitzer auf seinen Erwerb zu und fing wie in Ekstase an, sich nach Vorbild des Keilers wild an dem Baum zu schuppern, die Nadeln und die Rinde des Baumes flogen nur so durch die Gegend. Fast hypnotisierend schaute der Akteur mit ausgefahrenen Augäpfeln auf alle Passantinnen, die über den Bürgersteig gingen. In seinem Kopf war in Kinoleinwand großer Dimension das Bild des Erfolges, das die Keiler durch das Schubbern bei ihren Frauen hatten. Die an ihm vorbeigehenden menschlichen weiblichen Wesen wechselten ängstlich verwirrt die Straßenseite, schauten entsetzt zu dem Irren hin.

Der Keiler ging vorsichtig auf den Mann zu, und fragte: „Was – Mann – drängt dich zu diesem wirren Tun?" „Über ein Jahr, antwortete dieser, habe ich dich, Keiler, beim Kratzen an dieser Kiefer beobachtet, ich sah, wie eine Bache nach der anderen ehrerbietig, respektvoll zu dir kam, um dein Tun zu bewundern, so erfuhr ich durch dich, wie ein Mann anziehend, faszinierend auf Frauen wirken kann." Laut quiekend, mit Luftsprüngen galoppierte der Keiler mit seinem Harem in den Wald zurück.

Noch Tage danach, als der Förster zur Wildschweinfütterung in den Wald kam, lag die Wildschwein – WG noch laut kichernd, die Beine gen Himmel gestreckt auf dem Rücken, sie schüttelten sich vor Vergnügen. Was aus dem Kieferhelden, seinem Kopf und seiner Frau wurde, erfuhren sie nie.

Irritation

Ein fünfjähriger Junge freut sich riesig über die Ankündigung seiner Mutter, einen gemeinsamen Zoobesuch zu beabsichtigen.

Zwei Tage später machen sich beide auf den Weg. Am Elefantenhaus angekommen zuppelt der Junge am Ärmel seiner Mutter und ruft begeistert mit leuchtenden Augen, auf das Geschlechtsorgan eines urinierenden männlichen Elefanten weisend: „Guck mal, Mama, was ist das?! Die Mutter verwirrt, irritiert: „ Nichts mein Sohn, das ist gar nichts!"

Gleiches wiederholt sich einige Monate später, als der Junge mit seinem Vater vor der Elefantenanlage steht. Der Junge fragt nun seinen Vater: „Papa, was ist das für eine Riesenstange, aus der der Elefant gerade Wasser ablässt?"

Der Vater antwortet: „Das ist das Geschlechtsteil des Elefanten, daraus lässt er, wie jetzt, Urin ab und zeugt damit kleine Elefantenkinder. Warum fragst du so interessiert?"

„ Ja, weißt du, Papa, als ich Mama bei unserem Zoobesuch fragte, antwortete sie mir, das sei gar nichts."

Nach kurzer Denkpause fügte der Vater noch hinzu „Das ist so bei Frauen, die verwöhnt sind!

Überblick verloren

Ein stolzer frackgeschmückter Pinguinmann, baggert
mit geschwollener Brust `ne junge Pinguinin an.
He – mir ist so, möcht` mit dir ein Kind jetzt
machen, folg` mir, hinter einer Scholle lassen wir es
zünftig krachen.

Die junge Eisprinzessin reagiert entsetzt,
distinguiert, fragt verschämt – gibt es, Herr Pinguin,
denn nichts, was sie geniert?
Man kann doch nicht so einfach und banal zur
Sache schreiten, so Wichtiges muss man bedacht
und stilvoll vorbereiten.
Sie wissen nicht, Herr Pinguin, hab` ich denn Eier in
meinem Arsenal?
Wenn nicht, wäre der Akt doch sinnlos, vielleicht für
beide eine Qual.
Da stutzt der alte Pinguin, schaut höchst verlegen
auf sein Brust-Tattoo, er resümiert verdutzt – ach ja,
Eier gehören zur Liebe auch dazu.
Der Pinguin ergänzt – bei mir setzt wohl im Kopf `ne
Menopause ein?

Es scheint, in Sachen Liebe fallen alten Pinguinen
die einfachsten Dinge nicht mehr ein.

Kindergedichte

Kinderfleiß

Hallo, ich bin ein Kind!
Fröhlich wie ein Schmetterling,
emsig wie die Brumme – Biene,
auch lästig wie die Stubenfliege,
Diplomat, damit mein Wille siege.

Versuch` die Mutter zu umgarnen,
schmunz`le, wenn die Eltern warnen.
Hab` gelernt, mein Tier zu achten,
leb` gern mit dem fröhlich Lachen,
geh` zur Hand beim Blumen pflegen,
tröst` den Baum, es kommt bald Regen.

Schau zu, wie ein Kitz vom Rehlein lernt,
weiß, warum die Amsel warnt.
Bin gern Fuchs an manchen Tagen,
Eltern, Lehrer müssen sich mit mir auch plagen.
All die Farben aus dem Kinderdasein,
nehm` ich mit, werd` später größer sein.

Hab` das Gute mitgenommen,
seh` den Irrtum nur verschwommen.
Hab` gelernt, durch Liebe geben,
wird man Meister für das Leben.

Klein – Sperma`s Lebenslauf oder Kindesrückblick

Bevor wir auf die Erde kamen, war`n wir bei unserm Vati Samen. Dieses Leben war nicht schön, wollten auf die Reise geh`n.

Lustig, eifrig hüpften wir in Papa`s Hoden, als eine Nachricht kam vom Liebesboten. Vati hat `ne schöne Frau geseh`n, mit der möcht` er sehr gern durch`s Leben geh`n.

Papa hatte sich verliebt, ob`s wohl bald `ne Mami gibt? Eines Nachts war`s dann soweit, beide liebten sich zu zweit.

Wir Samenkinder wandern nun in Mama`s Scheide, ein Abenteuer wunderbar begann so heute. Im Uterus nun angekommen, ward ein Samen in den Arm genommen, ein Ei von Mami war`s, das dieses Samenkind empfing, in eine zarte Schleimhaut eingekuschelt, erfuhren wir, wie`s weiter ging.

Der Uterus, in dem wir wohnten, war warm und wohlig nass, das Ei war nun der König, Befruchtung nennt man das.
In dem Ei sollt` nun ein Fötus wachsen, ein Körper

mit `nem Kopf und Armen, unten kleine Hacksen. So
wächst man dann im Uterus, bekommt sei Essen
über Pipeline, ein Genuss.

Man schwimmt in seinem See geschickt, behende,
bewegt auch Arme, Beine, Kopf und Hände. In
diesem Fruchtgewässer hat man keine Sorgen,
Eltern mühen sich für das Erscheinen, für das
Morgen.

Nun die Geburt – der Auftritt in das große Leben,
für die, die mich ersehnten, war`s ein großes
Streben.

Neun Monate war`n so schnell vergangen, die Eltern
schwankten zwischen Glück und Bangen. Die Gyn –
Station hat schon die Kittel umgehangen, der Weg
nach draußen war ohne Kaiserschnitt gegangen.

Für jedes Kind steh`n vor der Tür nun schöne Zeiten,
au weia, die Mami mußte ganz schön leiden. Sie
krampft vom Haar bis in die Zehen, im Fachjargon
nennt man das Wehen.

Nun war`s geschafft, wie sich` gehört, gibt man
Signal durch Schreien, das Medizinerteam beglückt
Mama und Papa umarmen sich, die Beiden,
gemeinsam rufen alle: Nun lasst uns froh in`s neue
Leben schreiten.

Winter/Weihnachten

Eine schöne Bescherung

Es war eine Woche vor dem sehnsüchtig erwarteten Weihnachtsfest. Familie Wundersam war am Frühstückstisch versammelt.

Festtagsgeschädigt saßen Vater, Mutter, drei schon schulpflichtige Jungen und die studierende Tochter in Erwartungshaltung.

Dieser Zustand war nicht zuletzt darauf zurückzuführen, dass Vater Wundersam seit Tagen in Verklärung an das Tischgebet den Wortschwanz anfügte: „Möge es mir gelingen…!"

Verstärkt wurde die Familienerwartung dadurch, dass er, wie man es bei vor sich her sabbelnden Aushilfsweihnachtsmännern antrifft, diesen Wortschwanz an jeden Satz anhängte.

Als Frau und Kinder genussvoll ihre Hände zum Brötchenkorb hinstreckten, nahm Vater Wundersam plötzlich den Gesichtsausdruck eines geweihten Dompredigers an – hob den Eierlöffel wie einen Dirigentenstab in die Luft, um damit seine

Kaffeetasse zu traktieren.

Das versetzte die Familie in eine Starre, in die hinein Vater Wundersam verkündete, die Familie werde in diesem Jahr ein Fest der Superlative erleben, dabei streckte er seinen Körper, als wollte er verspätet seinem Schöpfer sagen: „Hättest mich auch ein bisschen größer geraten lassen können!"

Mit einem schnarrenden Tremolo in der Stimme merkte Wundersam noch an, für das Gelingen seines Vorhabens müsse sich die Familie bei der Oma einmieten.

Wundersam nahm Haltung an, im Staccatoakzent verklickerte er der Familie, er habe das Organisatorische geregelt, nahm die Haltung eines Zinnsoldaten an und fuhr fort, dabei sei ihm sein Talent als Truppenkommandeur in Reserve zugute gekommen. – Diese Fliegenhascherei kannte die Familie – so schwiegen alle in Demut.

Die Wundersam`s siedelten um zur Oma. Nur Vater Wundersam blieb im eigenen Haus zurück. Aus der Türöffnung winkend wirkte er wie ein mysteriöses biblisches Erscheinungsbild.

Das Haus war nun in Stille gehüllt. – Nur nachts schlich ein geheimnisvolles Poltern an Oma`s Haus vorbei.

Die Familie war überzeugt, ihre Wohnstätte würde vom Vater in einen weihnachtlichen Palast verwandelt. – Warum sollten die Wundersam`s nicht auch einmal an Wundersames glauben?

Der Tag der Bescherung war angebrochen. Gegen Mittag wummerte es an Oma`s Haustür, man hätte vermuten können, der Stadtbaudirektor wäre mit einer Abrissbirne zur radikalen Stadtsanierung unterwegs.

Verängstigt öffnete die Oma die Tür – vor ihr stand ihr Sohn in Weihnachtsmannkluft – die Schultern waren mit Lametta garniert – in der rechten Hand trug er eine dynamobetriebene Funzel, die er rhythmisch flimmern ließ. Wundersam forderte seine Familie auf, ihm zu folgen.

Die kleine Gemeinde schritt vorbei am eigenen Haus – hin zum Ortsausgang – über die Seebrücke, dort rutschte der Anführer aus, verlor dabei seine Zipfelmütze – es ging weiter über verschneite Felder – auf den Wald zu.

Der schmale Waldweg, eine Dunkelzone, irritiert die Gemeinschaft – man wusste nicht, ist es Kältezittern oder Dunkelheitsbeklemmung – in diese Verunsicherung hinein strahlt Vater Wundersam mit seiner Dynamotaschenlampe ein kleines Möbel an, das fröstelnd an einer Kiefer lehnte. Die Tochter lallte, das Schränkchen habe Ähnlichkeit mit dem aus ihrem Jungmädchenzimmer.

Einige Meter weiter erstarrt die erwartungsgeschwängerte Familie zu Eisstalagmiten – mitten im Wald – in eisiger Kälte, standen vor ihr die heimischen Wohnzimmermöbel – sie waren akkurat um eine Douglastanne postiert - die Edeltanne musste aus einer Baumschule stammen, denn hier gab es ausschließlich Kiefern!

Mutter Wundersam kämpfte aufopferungsvoll gegen eine Ohnmacht! Mann Wundersam raunte ihr zu, sie möge sich doch im Angesicht des Festes beherrschen!

Danach wurde die Familie in eine nächste Waldschneise geführt – hier standen die drei Söhne vor einem Möbelkomplex, den sie als ihr Kinderzimmer identifizierten.

Es sollte nicht das Ende der Odyssee sein! Schon auf dem nächsten Waldpfad lächelte die Familie die heimische Küche an.

Auf dem Elektroherd stand eine Stoneline –Pfanne – aus der schmunzelte gequält eine entkleidete Gans! Hier zog der Held der Nacht seine studierende

Tochter am Ohr zu sich, verkündete ihr, diese Weihnachtsschöpfung sei ihr Promotionsthema!

Dann stellte er die Frau und seine Söhne vor sich auf, rief in den Wald „Euch schenke ich mit dieser Gesamtgestaltung mein Genie!"

Danach zog er mit geschlossenen Augen die Frau fest an seinen Körper, um ihr pathetisch, triumphierend die Schenkung eines fünften Kindes in`s Ohr zu hauchen.

Nach kurzer Denk – und Erholungspause fragte der Chor: „Und warum das alles?" Darauf Wundersam „Ich wollte der alljährlichen Baumschlepperei ein Ende setzen!"

Eine erschöpfte Stille trat ein – dann lispelte der jüngste seiner Söhne: „Und die Douglastanne – warum im Kiefernwald eine Douglastanne?"

Jesus an die Weihnachtsheuchler

Zwei, die für das Schicksal des Jesus von Nazareth die Verantwortung trugen, Judas und Pontius Pilatus, gehen gemeinsam an`s Kreuz von Jesu Christi, knien nieder, verkünden dem Gekreuzigten, es tue ihnen das Geschehene leid, sie wünschten sich, man möchte das gemeinsame Leben noch einmal von vorn beginnen.
Jesus, schon in den Händen des Todes, antwortet: „ Mit mir, wie ihr seht, ist ein Neubeginn nicht möglich. So gern ich auch möchte, so gern ich euch verzeihen wollte, will ich euch dem Sinn nach, um der Menschheit die Würde zu bewahren, um etwas bitten. Verkündet allen regierenden Heuchlern, die sich am Tag meiner Geburt auf mich und mein Tun berufen, sie mögen meinen Namen nicht auf ewig besudeln. Diese sollen über die Jahrtausende bedenken, wer sich an anderen Völkern, den Armen und Schwachen versündigt, dem ist das Gotteshaus zwar ein Zufluchtsort für den Moment, über alle andere Zeit sollen sie an diesem Tag bekennen, in ihren Ämtern das Werk des Judas und des Pontius Pilatus nicht länger fortzusetzen. Ansonsten wären sie schuldig, die Seelen der ihnen Anvertrauten, wie mich, an`s Kreuz zu schlagen."

Tiere und ihre Wintergeschichte

Ein Dezembertag ging zu Ende. Alle Tiere des Himmels und des Waldes hatten einen schönen Tag verlebt. Die Wiesen und Felder boten einen reich gedeckten Tisch.

So hatten sich alle Tiere satt gegessen und wünschten sich, mögen alle Wintertage weiter so lieb zu ihnen sein.

Denn sie wussten aus vergangenen Jahren, dass sie es bei hohem Schnee und grimmiger Kälte nicht leicht hatten, sich zu ernähren.

So ging jeder in sein kuschliges Bettchen. Die Rehe und Häschen trotteten langsam zu ihren Schlafplätzen.

Die Wildschweine hatten sich aus Laub ein weiches Lager gebaut.

Der Fuchs verschwand, seinen Puschelschwanz zum Himmel gereckt, in seinen Bau.
Alle großen und kleinen Vögel rüttelten und

schüttelten sich in ihren Astgabeln auf den Bäumen. Der Uhu und das Käuzchen schauten als die Wächter der Nacht noch einmal über den Wald und die Wiesen, riefen laut: UHU – UHU / KUWITT – KUWITT, sagten damit ihren Freunden, es ist alles in Ordnung, ihr könnt in Frieden schlafen! Nun wurde es auf der Erde ganz still.

Am nächsten Morgen grunzten schon sehr früh die Wildschweine: „Was ist heute in der Frühe für eine Unruhe – wir wollen noch schlafen -!"

Da schrie von einer Eiche ein Mäusebussard: „Freunde – wacht auf -, um uns herum ist alles weiß, Frau Holle hat die Betten geschüttelt, der Winter ist heute Nacht eingekehrt!"

Es war jetzt mäuschenstill – allen Tieren war der Schreck in die Glieder gefahren.

Als erster fragte ein Feldhase mit weinerlicher Stimme: „Wie ist das möglich, gestern haben wir uns noch über unsere reich gedeckte Tafel gefreut – nun ist die Erde zugedeckt mit Schnee?"

Ein junges Rehlein rief mit ängstlicher Stimme dazwischen: „Wie sollen wir grüne Pflanzen finden, um satt zu werden?"

Eine Amsel pfiff kleinlaut: „Wir Vögel werden Mühe haben, ein paar kleine Körnchen zu finden, wir sind ja bescheiden, aber bei dem vielen Schnee weiß ich für uns keinen Rat!"

Auf einmal wölbte sich auf dem Acker der Schnee nach oben – das Köpfchen eines Maulwurfs war zu sehen, er rief keck: „Ich weiß nicht, warum ihr so jammert – macht es wie ich, sucht euch Würmer unter dem Schnee!"

Rief der Uhu verärgert: „Dieser Schlaumeier, der Maulwurf – denkt nur an sein eigenes Wohl!"

Aus dem tiefen Wald grunzte jetzt eine Stimme: „Hört auf zu klagen, ich, der Wildschweinmann, bitte hiermit alle Tiere der Erde und der Luft, vor unserem Wildschweinhaus zu einer Beratung zu erscheinen!"

Nun piepte – schnatterte – grunzte – murmelte es weit und breit. Bei genauem Zuhören konnte man verstehen, dass sich alle Tiere ihre Zustimmung mitteilten, und machten sich schon auf den Weg zum Versammlungsort.

Als mit einem gewaltigen Durcheinandergerede und Geschnatter alle am Wildschweinhaus angekommen waren, stellte sich der Großeber, das Oberhaupt aller Wildschweine, auf seine Hinterbeine, damit er alle Gäste überschauen kann und begann zu reden: „Hallo, liebe Baum – und Waldbewohner, jetzt ist erst einmal Schluss mit dem wilden Geschnatter - wer etwas zu sagen hat, gibt sein Rufzeichen, wie er es gewohnt ist.

Als erfahrener, kluger Wildschweinmann möchte ich euch sagen, es gibt für uns alle kein Problem!"

Eine kleine Meise rief aufgeregt dazwischen: „Aber Herr Wildschweingeneral, ich sehe trotzdem keine Chance, wie bei so viel Schnee so kleine Lebewesen wie wir, Futter finden sollen!"

Der Gastgeber ergriff erneut das Wort: „Also – wir schließen uns zusammen und sorgen für einander!"

Fragt ein kleiner Hase mit gewitzter Stimme dazwischen: „Und wie soll das gehen?" „Ganz einfach," schnüffelte jetzt die Wildschweinfrau, „meine Angehörigen und ich wühlen mit unseren Rüsseln den Schnee so auf, dass ihr zumindest das nötigste Futter für euch finden werdet!"

Der Großeber unterbrach seine Frau: „Und dann möchte ich euch noch darauf hinweisen, dass die Menschen in den vergangenen Jahren Verschiedenes für uns abgelegt haben, hoffen wir, dass es auch in diesem Jahr so geschieht!"

Nun ergriff die kluge Eule das Wort, flatterte eifrig mit ihren Flügeln und polterte los: „Wir Eulen und andere Großvögel wie Bussarde, Elstern und Eichelhäher könnten von oben nachsehen, wo es eventuell schneefreie Wiesen und Felder gäbe, um es euch zu melden!"

Eine kleine Meise redete, eifrig mit den Flügeln zappelnd, in die Runde: „Ich weiß, die Menschen richten im Winter für die Vögel Futterhäuschen ein, ich möchte gern der Melder sein, und von einem hohen Baum aus schauen, wo wir uns bei den Menschen satt essen können."

Nun verbreitete sich in der Runde zunehmend eine fröhliche Stimmung. Die Frau des Großebers, bei allen Tieren als sehr klug bekannt, erteilte ihrem Mann nun das Schlusswort.

Der Großeber räusperte sich, streckte seinen massigen Körper und sprach: „Ich weiß aus meinem turbulenten Leben, wenn in Not alle zusammenhalten, wird es niemanden von uns schlecht gehen. Tun wir all das, was wir besprochen haben, dann können alle Tiere auch mit diesem Winter fröhlich umgehen."

Die Teilnehmer des Meetings gingen und flogen nun

beruhigt zu ihren Unterkünften. Nachdem sie die Nacht sorgenfrei verbracht hatten, hörten sie am Morgen die Stimmen von Menschen. Der Förster war aus seinem Waldhaus gekommen und hatte seiner Frau zugerufen, dass er Eicheln, Kastanien und Fallobst mit ihr in den Wald bringen müsse, damit die Tiere nicht Not leiden.

Die Frau des Försters entgegnete mit froher Stimme, die Kinder aus den Dörfern hätten viele Früchte gesammelt und in die Försterei gebracht. Nun war das Leben der besten Freunde der Menschen auch in diesem Winter nicht gefährdet – alle waren darüber glücklich!

Wunschzettel eines Weihnachtsmannes

He, He – Ho, Ho - ich bin euer Weihnachtsmann, der alles und nichts für euch bringen kann.

Den Christen war`s recht, euch dieses Fest zu schenken, die Menschheit sollte der Geburt Jesu Christi gedenken.

Wie ihr seht, ist alles ganz anders gekommen, dieser Geist lebt wohl nur noch in wenigen Frommen.

Jetzt bin ich bei diesem Fest die zentrale Person, begriffen als Allrounder, bin der Segen, auch der Clown.

Ich Weihnachtsmann, geschaffen für die Großen, die Kleinen, bring Glanz für den Einen, für den Anderen das Weinen.

Unendlich ist mein Füllhorn, vom Engel bis zum Raben, erfreue, beglücke, enttäusche mit meinen Gaben.

Bring ein Kleinod dem Kinde, das Gedeck für den

Magen, an dem Überfluss, wie der Not, muss ich gleichsam besonders schwer tragen.

Mein Dienst ist fast schon schizophren, darf den Einen beglücken, muss ertragen die Not, empfind` dann tiefes Bedrücken.

Mein Wille ist, möcht` vom Herzen das Wertvollste schenken, Ehre, Demut, Nächstenliebe, an den Anderen denken.

Wollt` so gern auf meinem Rückweg Not und Leid entsorgen, so wär` auf dieser Erde Menschlichkeit behütet, geborgen.

Sei`s wie es sei, wäre Homo sapiens Gottes erhebendste Schenkung, oder Darwin`s genialste evolutionäre Entdeckung, ich Weihnachtsmann reise durch den Kosmos mit dem großen Gefühl, möge die Menschheit begreifen, was sie muss, was sie darf, was sie kann, was sie will!

Über den Autor

René Carsten wurde 1933 in Halle / Saale geboren. Er lernte in seiner Kindheit und Jugend, auf dem Lande lebend, harte Arbeit wie Durchsetzungskampf kennen.Mit seinem 15. Lebensjahr ging er in die „Welt", verließ das Haus seiner Großeltern, die ihn erzogen.

Er studierte nach externem Vorstudium an der Deutschen Hochschule für Musik: „Hanns Eisler", in einer Solistenklasse Gesang, vertiefte sich dabei gleichzeitig in das Studium des Faches Psychologie.

Ein weiteres Studium absolvierte er später an der Fachhochschule für Journalistik in Leipzig. Er arbeitete in verschiedenen Institutionen als Redakteur, Regisseur und Dramaturg.

Rene´ Carsten lebt heute in der Nähe der Stadt Storkow (MarkBrandenburg) und pflegt hier seine große Liebe, die Schöpfung lyrischer Literatur.